作家とお金

Authors & Money:
The Road to Wealth

本田健
Ken Honda

きずな出版

はじめに——作家という生き方

あなたが、『作家とお金』というタイトルのこの本を手に取ったのは、作家という生き方に興味を持ったからでしょう。

単なる興味本位かもしれませんし、いずれは作家になりたい、という夢があるからかもしれません。いずれにしろ、この本は、あなたの好奇心を満たしてくれると思います。

身近に作家がいなければ、作家のリアルな話は、なかなか聞けません。ネットでも、いろいろ調べてみましたが、そういう情報はあまり載っていないようです。

私は作家になって20年以上経《た》つので、その間に出版界の事情をたくさん見てきました。自分の著書が34もの言語に翻訳されたり、世界中を講演して回ったりして、海外の出版事情にも詳しくなりました。

あるとき、親しくなったアメリカの作家とご飯を食べているとき、出たばかりの本の印税の話になりました。その金額を聞いて、失神しそうになりました(笑)。

「え〜!!?　一冊の印税で、そんなにもらえるの??」と、静かなレストランで、大声をあげてしまったほどです。それぐらい、同じ仕事をしていても違います。

本がベストセラーになって、せっかく巨万の富を得たのに、そのお金をすべて失う作家もいます。きらびやかに見えても、実状は、苦しかったりするのです。そのあたりの事情は、100年前の作家も、現代も変わらないようです。

そんな作家の波瀾万丈《はらんばんじょう》の人生を面白いと感じていただければ、とってもうれしいです。

最初にお話ししておきますが、この本には、隠れた効果もあります。

読み進めるうちに、「自分でも何か書いてみようかな」という気分になるかもしれません。もともと文章を書くのが好きだった人は、特にそうなると思います。

もし、そんな気分になったら、ぜひ数行でもいいので何か書いてください。そういうことがきっかけになって、将来、あなたが作家になる可能性だってあります。

「そんなこと、あるわけない！」と、いまのあなたは思うかもしれません。

でも、どんな有名な作家も、本を書き始めるまでは、ごく普通の人生を送っていました。シングルマザーだったＪ・Ｋ・ローリング、ジャズバーのオーナーだった村上春樹など、あげればきりがありません。

ごく普通の生活をしていた人が、書きためた原稿が形になって、作家になるのです。有名になった作家のほとんどが、そんな感じで人生を変えています。

彼らはみな、誰かに本を書きなさい、と命令されたわけでも、本を書いたほうがいいよと勧められたわけでもありません。それぞれのタイミングで、自分のインスピレーションに従って、本を書き始めています。

最初に文章を書き始めたときには、それが何かになるとは、考えていなかったでしょう。

もちろん、自分の書いた文章が、世間に認められて、出版される保証もありません。

「あと何年かしたら、必ずデビューできる」という約束がなくても、彼らは自分の内面と向き合って、自分の思いが溢《あふ》れるままに、ずっと原稿を書き続けたのです。そういうことを何年も続けられたので、作家になれたと言えるでしょう。

村上春樹は、「すべての作家の処女作は、夜中の2時に自宅のキッチンテーブルで書かれた」と書いていました。

「書くのを止められない」

そんな強い思いがある人だけが、作家になれるのです。

いまベストセラー作家になった人たちは、どこかのタイミングで幸運に恵まれて、デビューを果たしています。

その本がたちまち売れることもありますが、たいていの場合、いつ終わるともわからない下積み生活を何年も体験しています。売れない時代には、実家の援助があったり、奥さんや旦那さんに生活を支《ささ》えてもらったり、という作家もたくさんいます。

そういう苦労の末、出版した何冊目かの本がベストセラーになって、大金に恵まれて、その後ずっと幸せに暮らしましたとさ、とハッピーエンドになればいいのですが、現実にはなかなかそうはなりません。

夢の「印税生活」。

多くの人が憧《あこが》れる言葉ですよね。

自分の書いた本がベストセラーになり、印税が途切れることなく入り続ける……。そんな夢のような生活を想像すると、心が躍《おど》るのも無理はありません。

でも、そんな夢は本当に実現可能なのでしょうか？

私自身、作家として活動を始めた当初は、そんなバラ色の幻想を持っていました。

それから20年以上作家を続けて、現実というものがよくわかりました。

残念ながら、本はそんなに、売れるものではありません。幸運に恵まれて、いったんは売れても、それほど長続きするものでもないのです。

なかには、幸運が重なって本がベストセラーになり、巨額な印税で贅沢《ぜいたく》な生活ができるようになる作家もいます。でも、そのために、意識がそれて、執筆に集中できなくなったりするのです。あるいは、続く作品が書けなかったり、売れなかったりして、メンタルの調子を崩《くず》してしまう人もいます。

世界的に有名な作家の年表を見ると、ピーク時のほんの数年間に名作を残しています。

残念ながら、その後の作品は、パッとしなくなることが多いようです。

どうして、そんなことになってしまうのでしょうか。

それは、創作活動を続けるために必要な環境が整っていないからです。

充実した創作活動のためには、いろんな条件が必要です。自分の精神状態もコンディションが整わないと、いいものが書けません。また、収入がある程度ないと、執筆に集中できないでしょう。

自分の経済状態、両親の健康、家族関係など、心配なことがありすぎると、執筆を妨《さまた》げる原因になります。そういう逆境をはねのけて、命を削《けず》るようによい作品を書けたとしても、それをずっと続けられるわけではありません。

人生は、マラソンのようなものですが、多くの作家は、そういう視点では捉《とら》えられません。どちらかというと、短距離走です。長い人生で使うべき、自分の命のエネルギーを、すべて自分の作品に注《つ》ぎこんでしまうようなところがあります。

そんな感じで生命力エネルギーを使い果たしてしまい、健康やメンタルのバランスを崩して、病気になって早死にしたり、自分で命を絶《た》ったりしてしまうのです。

私は20年以上作家を続けながら、自分と家族の幸せのために、作家の心理や執筆環境に関しても研究してきました。

人は、どういう環境下でなら、創造性を発揮できるのか？
そして、どうすれば創造活動を楽しく、幸せに行えるのか？

このテーマは、作家でない人にとっても、面白いテーマではないでしょうか。

経済面やメンタルも大事ですが、ふだん作家が時間を過ごす執筆の空間に関しても、いろいろと研究してきました。作家やアーティストが創作する空間の研究は、あまり見たことがありませんが、実体験からいろんなことを学びました。

たとえば、書斎は、広いほうがいいのか、狭いほうがいいのか。本がいっぱいあったほうがいいのか。それとも、机以外は何もないほうが集中するのか。

文豪と呼ばれる人も、多くは、貧乏な状態から出発しています。

ボロボロの借家で、理想的とは言えない環境で、後世に残る名作を執筆しています。

成功してから、彼らは、自分の環境を整え始める余裕が出てきます。集中できる空間を整えるのは、趣味と実益を兼ねるようなところがあって、作家たちには楽しい気分転換になったのでしょう。

私も、気になったら、自分で試したくなる性分なので、大先輩たちの書斎を参考にして部屋の壁の色を赤、黄、青、オレンジ、ピンクなどにしてみて、どんな気分になるのか実験してみました。たしかに、壁紙を変えるだけでも、感情面で影響を受ける感じがしました。過去の作家たちが、自分の想像力をめぐらす空間をどう作ったのかは、とても興味深いテーマです。あとで、有名な作家がどんな書斎を持っていたのかに関しても、お話ししますので楽しみにしていてください。

そんな自分だけの創作空間を持つことを含めて、ある程度の経済的、精神的な安定なくしては、長期的な創作活動は難しくなります。

太宰治《だざいおさむ》のように、借金を申し込む手紙を書くことばかりに時間が取られていては、原稿の執筆に集中できないでしょう。そこまで追い詰められては、小説を書こうという気分になれません。

では、お金がいっぱいあればプラスかというと、それはそれでいろんな誘惑が出てきたりして、うまくいきません。お金とはやっかいなもので、ありすぎても、なさすぎても、創作にはよくないみたいです。

この本では、お金という側面から作家の生活を見ていきます。

作家とはどんな人なのか、どうしたら作家になれるのか、どれだけの努力が必要なのか、ふだんの生活の様子など、いろんな角度からお伝えしていきます。

有名な作家が、どのようにお金とつき合ってきたのか、興味深いエピソードがいっぱい出てきます。

明治の文豪から、現代の売れっ子作家まで、また、日本だけでなく、世界の作家がどういう生き方をしてきたのか、一緒に見ていきましょう。読み進めていくうちに、あなたも創造的な生き方がしたくなるかもしれません。

著者

目次

はじめに――作家という生き方 002

第1章 原稿を書いて生きる人生

作家という仕事とは？ 022
売れない作家、成功から転落する作家の人生 026
売れる作家と売れない作家の違い 028
「作家」にはジャンルがある 031
作家が感じる5つの喜び 034
作家の収入の内訳 038
文豪、夏目漱石のぼやき、川端康成の願い 042
松本清張の資料収集と取材旅行の話 045
森村誠一が大切にした編集者との絆 048

第2章

作家のタイプと、印税の使い方

作家とお金――6つのタイプ　052
創造性と情熱に生きる「アーティストタイプ」の成功法則　056
リスクを恐れず突き進む「破綻タイプ」の光と影　058
一発逆転の輝きを放つ「打ち上げ花火タイプ」の成功と課題　060
収入を最大化する「ビジネスマンタイプ」の成功戦略　062
二足のわらじで夢を追う「アルバイトタイプ」の成功法則　064
安定と創造性のバランスを取る「会社員タイプ」の成功法則　066

第3章
作家の日常——本を書くということ

創造性の源泉——インスピレーションを引き出す方法 070
ネタの見つけ方——日常生活からアイデアを生み出す秘訣 072
創造のブロックを乗り越える——スランプを克服するための戦略 074

第4章
創作を支える書斎の力——どこで書くか

書斎の魔力——クリエイティブスペースの重要性 078
著名な作家たちの書斎ツアー——インスピレーションを探る 082
複数の書斎を持つ——場所を変えて創作意欲をリフレッシュ 086

第5章
〆切との戦い——言い訳の天才になる

ユーモアで乗り切る〆切地獄 090
〆切延長のお願い——文豪たちのユニークな言い訳 092
〆切を守る作家——プロフェッショナリズムと作業習慣 095
〆切に追われない最高の方法——原稿は依頼される前に書いておく 098

第6章
作家のリアル——家族との関係とダークサイド

家族にとっての「作家」という仕事 102
家族の支えが成功の鍵——作家と家族の協力関係 105

ダークサイドに身を落とした作家たちの末路 107
著作権と遺産——家族に残るもの 109
孤独を創作の力に変える秘訣 111
作家の家族だけが知っている創作活動の裏側 113

第7章 どうしたら作家になれるのか——7つのアプローチ

作家になるには、どのような方法があるか 118
作家になるための具体的な7つのアプローチ 120
編集者の選び方——自分に合ったパートナーを見つける 124
出版への扉を開く手紙——出版社への効果的なアプローチ方法 126
作家に紹介してもらう——信頼とつながりでつかむチャンス 128
編集コンサルタントの力——プロのサポートを活用する 131
自分の才能を試す——賞や出版コンペに応募する 133

インフルエンサーとして成功する――作家への道を切り開く 135
ベストセラー作家のデビューのきっかけ 137
背中を押されたとき――私のデビューのきっかけ 140
自分で出版する――セルフパブリッシングの可能性 143

第8章 現代作家のビジネスモデル――現代の作家はこう稼ぐ

作家の新しい稼ぎ方 148
仕事のやり方を変える勇気を持つ 159
現代のベストセラー作家の収入 161
読者との絆が安定収入を生む 165
精神的充足――お金以上の価値を受けとる 167

第9章 作家の未来——文化を創るということ

新しい声が求められる時代——トレンドをどう創っていくか 172
AI時代の作家——人間性をどう保つか 174
AI以上か、AI以下か——その差で収入は100倍変わる 177
人間の本質に迫る——永遠のテーマに挑む 179
未来の作家のかたち——文化を創り出すインフルエンサー 182
ごく普通の人が作家になる時代 184
世界的に活躍する作家への道 189

おわりに——自分の「作家性」が目覚めるとき 193

作家とお金

第1章

原稿を書いて生きる人生

作家という仕事とは？

世の中には、いろんな職業がありますが、作家という仕事は、なかでもユニークなものではないでしょうか。たしかに、作家は会社や組織に属するわけではなく、弁護士や医師のように、わかりやすい仕事ではありません。

作家というと、和室風の書斎で、和服姿でタバコを吹かしている文豪のようなイメージでしょうか。あるいは、銀座で接待されて、豪遊しているイメージ。はたまた、悩んだあげく、自分で命を絶ってしまう繊細《せんさい》な若者。または、借金まみれで、お酒を飲み、破綻《はたん》的な生き方をしながら、黙々《もくもく》と執筆している中年のおじさん。

昭和の時代にはそういう人もいたでしょうが、現代の作家で、そんな派手な生活をしている人はほとんどいません。どちらかというと、作家の大半が、地味な普通のマンションや自宅の一室で、コツコツ原稿を書いていると思います。

第1章
原稿を書いて生きる人生

昭和、大正、明治の時代には、「はじめに」で出てきたようなカラフルな生き方をしていた作家も大勢いました。借金をして浴びるようにお酒を飲み、博打《ばくち》をして、合間に原稿を書くような破綻的な生活をしている作家もいました。

彼らに合わせるように、担当編集者の中にも、めちゃくちゃなタイプがいっぱいいました。作家の無茶ぶりにとことんつき合って、朝までお酒を飲むような人です。連載原稿をいただくために、作家をホテルに缶詰にしたり、作家の愛人に生活費を届けたりという話を、当時の編集者から聞いたことがあります。

作家と編集者間の〆切をめぐるやりとりも、笑えるようなものがいっぱいあります。

作家は、まだ原稿が書けていない言い訳をします。一方、編集者がそれを許さず、原稿をなんとか奪《うば》い取って帰ろうとするわけですから、そこにドラマが生まれるわけです。

お金に困った作家が、原稿料の前借りをしようと、出版社と交渉したり、知人に無心《むしん》の手紙を書いたりした記録が今も残っています。借金をお願いする際にも、実にすばらしい手紙を書くのが作家です。才能の無駄遣いのような気もしますが、それがまた、創作のエネルギーになっているので、なんとも言えませんね。

そういう悩ましい状況や絶望の中から、その作家の代表作が生まれたりします。

面白い生き方をしているのは、日本の作家だけではありません。

海外に目を向けると、そのスケールはもっと大きくなります。日本語を話す人が、1億人少しだと考えると、世界中の言語に訳されている作家は、日本の作家の何十倍もの収入を得ることになります。

ひとたび、ベストセラーが出ると、すごいことになります。でも、一冊当てたらみんな大富豪になれるかというと、そこまではありません。自分の中のエネルギーを制御できずに、ギャンブルやお酒にはまったり、パーティーに明け暮れて、原稿が書けなくなったりします。そこは、日本の作家と同じなんですね。

たとえば、『華麗なるギャッツビー』で有名なF・スコット・フィッツジェラルドは、一《いち》躍《やく》ベストセラー作家になった後、ニューヨークやパリなどで、妻と派手なセレブ生活を送りました。世界大恐慌《きょうこう》が起こる前の華やかな空気感を象徴するような作家でした。ですが、時代が変わってもそれに対応できず、本が売れなくなって、不遇《ふぐう》な生活を送ります。執筆もうまくいかずアルコールに溺《おぼ》れ、44歳のときに心臓発作で亡くなりました。彼は、生涯を通じて、お金のトラブルに見舞われました。才能があったのに、なんとももったいないことです。

お金のトラブルが続いたという点では、太宰治も、原稿を書く傍《かたわ》ら、借金の申込みの手紙を書き続けました。さすがの文才のおかげで、上手に借金を続けられたようですが、最後は、恋人と入水《じゅすい》自殺という選択をします。

世界的な作家は、一冊売れただけで一時的にはお金持ちになりますが、売れなくなっても浪費癖が抑《おさ》えられなくて、借金まみれで悲惨な生活に陥《おちい》る人が多いのです。

こんなふうに書くと、ベストセラー作家が、みんな不幸になるように聞こえますが、もちろんそんなことはありません。

『ハリー・ポッター』シリーズのJ・K・ローリングは、作家として初のビリオネアになりましたが、いまは幸せに暮らしているようです。シングルマザーがカフェで書いた原稿が世界中で売れるなんて、誰が想像したでしょうか。いまも、第2のJ・K・ローリングを目指して、たくさんの無名な作家が、原稿を書き続けていることでしょう。

売れない作家、成功から転落する作家の人生

作家は、自分の書いたものが売れると、世の中に認められて、収入や名誉にも恵まれますが、全員がそうなれるわけではありません。

出版されないのに、何十年も文章を書き続けている人だってたくさんいます。コツコツ小説を書いては、いろんな賞に応募したり、同人誌に発表したりします。でも、友人や家族以外には、ほとんど読んでもらえなかったりします。

また、数冊出版はしたものの、いま一つパッとせず、そのまま売れない小説を書き続けている作家もいます。

そういう自称作家は、いずれ世の中に出るチャンスをうかがっています。こういうタイプの人は、学校の先生、会社員など、昼の本業を続けながら、ずっと本を書き続けていま

す。苦節20年を経《へ》て、50代で認められて、遅咲きのデビューを果《は》たす人もいます。

一方で、いったんは一世を風靡《ふうび》してベストセラー作家になったのに、ダメになってしまう作家もいます。

芥川賞や直木賞を取って、その後作品が映画化され10万部も売れてしまったら、いきなり、スキーのジャンプ台の上に連れていかれるようなものです。

ジャンプ台の上からは、下を見ただけで足がすくみます。どう考えても、次に書く本は受賞作、ヒット作以上のものが書けない……そんなプレッシャーを感じながら、前作以上のものを書き上げる人もいますが、それはごく少数派でしょう。何度も書き直しているうちに、タイミングを逃してしまうのです。

こういうタイプの人は、デビューが早すぎたのかもしれません。

それよりも、不遇の時代に、5作、10作と、出版できなくても、ずっと書き続けていたような人が、長く作家を続けられます。デビューが決まってしばらくしても、ストックが何作もあれば、それを書き直して、出版することもできます。

人生は、早く成功したからいいというものではありませんね。

売れる作家と売れない作家の違い

売れる作家と、売れない作家とでは、何が違うのでしょうか。

ひと言で言うと、「面白い本が書けるかどうか」です。

あなたも、いままで読んだ中で、面白くて、読むのをやめられなかった本のことを思い出してください。ページをめくるのがもどかしいぐらい、「次どうなるの？？」と思わせるような、ワクワクしたり、すごく共感したり、面白い内容の本です。

誰かの役に立ち、人を感動させたり、喜ばせたり、ためになる本は、必ずと言っていいほど、売れるものです。

本が売れないのは、内容が薄《うす》いか、わかりにくいか、二番煎《せん》じか、つまらないかのいずれかです。

一般的に言って、作家になりたいと思う人は、独《ひと》りよがりな傾向が強いようです。

人と上手にやっていけないから、文章に思いをぶつけるわけで、人間関係が苦手だったりします。

そういう人は、自分のことをわかってほしいという思いから、文章を書きがちです。

でも、そんな感じで文章を書いても、人の役に立ったり、人に面白いと思ってもらえたりするような本にはなりません。

なぜかといえば、それはベクトルが、自分のほうに向かっているからです。

「私のことをわかってほしい。

だって、こんなに苦しいんだから。

こんなに、つらくて悲しいんだから」

といったことを延々《えんえん》と書かれても、読んでいるほうは戸惑《とまど》うし、イヤな気分になります。

たとえば、両親との葛藤《かっとう》をかかえた作者が、虐待《ぎゃくたい》やネグレクトなどの赤裸々《せきらら》な思い出を延々と書き連《つら》ねていくと、読者は苦しくなってしまいます。

でも、作者が絶望の中から、希望を見出して、家族が再生していく様子が描かれていると、同じようなことを体験した読者もまた、希望を見出すことができるわけです。

売れる作家は、自分の中にある葛藤、苦しみ、悩み、絶望を、ちゃんと自分の中で熟成させて、作品に昇華しています。

作家の内面で起きた浄化《じょうか》プロセスのおかげで、紡《つむ》ぎ出される世界に、読者は一緒に苦悶《くもん》し、心をわしづかみにされ、共感や感動を憶《おぼ》えるのです。

文芸作品では、何の救いもないまま物語が突然終わることもあります。

そういう本を読み慣れていない読者は戸惑うでしょうが、それはそれで読者をドンと突き放す効果があります。読後のモヤモヤした感情の中から、読者は自分なりの答えを見出すのでしょう。すべてがハッピーエンドで終わらないのが、小説の基本です。

ただ、作者の癒《い》やしが中途半端だと、イヤな感じだけが残って、誰のためにもなりません。料理で言うと、苦い後味が残る感じでしょうか。

同じようなことをテーマにして書いていても、読まれる本、売れる本には、楽しさ、躍動感があるのです。

「作家」にはジャンルがある

ひと言で作家といっても、本のジャンルによっていろいろタイプが違います。

小学生の頃の課題図書にあった夏目《なつめ》漱石《そうせき》や森鷗外《もりおうがい》といった文豪が書いた本もあれば、村上春樹、吉本ばなな、石田衣良《いら》といった現代の作家が書く小説もあります。

恋愛がテーマになっているロマンス小説もあれば、宮部みゆき、東野《ひがしの》圭吾《けいご》といった、よく映画化されるミステリー作家もいます。

ライトノベルという若い人向けの小説もあれば、あなたも学生の頃に読んだかもしれない、星新一の短編をまとめた本は「ショートショート」といわれます。

一方で、ビジネス書、実用書という分野があります。速読、ダイエット、投資などのノウハウ本もあれば、趣味の盆栽《ぼんさい》、習字、ダンスなどを扱った本もあります。実用的なことが書いてあるので、「実用書」というわけです。

小説、純文学のジャンルは、文芸作品と呼ばれていますが、そういう作品を書く作家と、ビジネス書を書く作家ではノリが違います。

「作家」という言葉は、昔は文芸作品を書いている人のことを意味していましたが、いまは本を書く人をすべて作家と呼ぶようです。


【作家のジャンル】

□小説
□随筆《ずいひつ》、評論
□児童書
□短編、詩歌《しいか》
□ビジネス書
□自己啓発《けいはつ》書
□実用書

同じ「作家」のくくりで一緒にされますが、そのジャンルによって、書き方や仕事のしかたなど、そのスタイルは全然違います。

ビジネス書の作家は、ふだんビジネスをしているので、打ち合わせの約束をすっぽかすことはないし、〆切を守ります。守れないときは、事前に伝えるなどの常識があります。

一方で、文芸作品の作家の中には、少し変わった人が多いようです。社会的常識がなかったり（そもそも、だから作家という自由な職業を選んだわけで）、編集者を悩ませたりする人もいます。

文芸の編集者に聞くと、それでも昔に比べると、作家も常識を守る人が多くなってきたそうです。〆切前に逃げ出したり、連絡がつかなくなったり、原稿を書いてもいないのに、原稿料の前借りを頼んできたりということは、ずいぶん減ったみたいですね。

書く本のジャンルの違いで、作家の性格も違うように思います。

私の印象では、ビジネス書や実用書を書いている人はポジティブで、感情を少しなおざりにする人が多い印象があります。一方で、文芸書を書く人は、感情が豊かな反面、社交性にはやや欠けるような人が多い感じがします。

作家が感じる5つの喜び

作家には、普通の人では味わえない喜びがあります。
それについても、いくつか見ていきましょう。
いろんな作家を見てきて、私があげられるのは次の5つです。

(1) 自己表現の喜び
(2) 認められる喜び
(3) 人の人生に貢献できる喜び
(4) 社会的影響力
(5) 経済的報酬

それぞれについてお話ししましょう。

（1）自己表現の喜び

まず、自分を表現したいというのは、根源的な欲求でしょう。自分のつくり上げた世界を形にできた喜びは、体験しないとわからないと思います。

やや大げさに言うと、神様にでもなったような気分になります。自分の葛藤を形にした作品などは、一作を書き終えた後に、魂《たましい》が抜けたような脱力感を憶えることもあります。

（2）認められる喜び

自分の書いたものが、本という形になって世の中に出るわけです。

一定数の人がそれを読んでくれることは、作家に大きな喜びをもたらします。

自分の本が書店に並んでいるのを見たときが、人生でいちばん嬉しかったと話す作家もたくさんいます。自己表現して、それが受け入れられたという喜びです。

自分の本がたくさんの人に読まれるというのは、それだけでも、幸せな気分になれるのではないでしょうか。

(3) 人の人生に貢献できる喜び

それが、小説でもビジネス書でも、自分の本を読んだ人が、「励《はげ》まされました」「勇気が出ました」「人生が変わりました」というコメントを寄越《よこ》してくれると、本を書いてよかったなと思います。

本が日本語以外の言語に翻訳されている場合は、外国の誰かの人生に影響を与える場合があります。私も、エストニア、ポーランド、ギリシャ、モロッコなど、それまで行ったことがないような国の読者に、直接お礼を言われたことがあります。

(4) 社会的影響力

複数の本がベストセラーになったら、その分野の専門家として、意見を求められるようになります。何万人、何十万人に自分の意見を聞いてもらえるのは、作家にとっては、大きな喜びでしょう。

有名な辞書に、例文として自分の本の一部が引用されたり、試験問題に使われたりすると、自分の本の影響力を感じます。

ベストセラー作家として、社会にインパクトを与える作品が書けるのも喜びです。

(5) 経済的報酬

お金のことをあえて最後に書きました。多くの作家にとって、印税は、自分と向き合って、いい作品を書いたご褒美《ほうび》で、それが一番ではありません。作家の多くは、お金に関しては無関心タイプが多いのです。困らなければいい、執筆さえできたらいい、と思っている作家も多いでしょう。実際に自分がいくら稼《かせ》いでいるかは、奥さんしか知らないという人もいます。

一方で、お金があると、執筆に必要な資料を好きなだけ買えたり、取材旅行に行けたりするので、作家にとって、それは嬉しいことです。

作家の収入の内訳

前項で経済的報酬を作家の喜びの最後に持ってきましたが、この本を手にとったみなさんが、興味あるのは、作家がお金とどうつき合っているかではないでしょうか。

作家の印税は、ほとんどの場合、出来高払いです。通常は、本の定価の5％から10％の間で支払われます。

昔は、刷った部数分だけ支払われていましたが、最近の出版不況に伴って、実売部数だけ支払う出版社も増えてきました。

たいていが、本が出版されてから、翌月から数ヶ月以内に払われます。小さな出版社だと、売上の支払サイトが長くなるために、作家への支払いも、出版してから半年後、1年後というところもあります。

経済的に困窮している作家は、前借りをするということになるわけです。

出版されて、たちまちベストセラーになるというのはごく稀で、初版は数千部からスタートして、じわじわ売れていきます。テレビで取り上げられたり、映画化されたりして、そこから一気に大ブレイクしたりします。

【作家の主な収入源とは？】

①原稿料

雑誌や新聞、機関誌などで原稿を依頼された場合に、支払われるのが原稿料です。

昔は原稿用紙一枚いくらと依頼時に提示されていました。いまは原稿用紙で原稿を書く人はごく少数派ですから、ページ単位、あるいは一本いくらというふうに設定されています。あるいは謝礼金として一定の金額で支払われます。

②印税

原稿を一冊の本として出版されるときに交わされるのが出版契約で、印税についての取り決めもそこに明示されています。

定価1600円の本で、5000部売れたとして、印税率が10％の場合、およそ80万円の収入となります。原稿を書くのに、もしも4ヶ月を費やしたとしたら、ファーストフードでアルバイトしている高校生の時給のほうが高いかもしれません。

③講演

著名な人ならともかく、普通の作家の講演料は10万円から、多くても30万円程度です。地元の商工会議所、公共団体が主催の場合には、もっと低く5万円以下で依頼されることもあります。

④テレビ、ラジオ出演

本が売れてきて、ある程度認知されるようになったら、テレビやラジオのコメンテーターとして招かれることもあります。でも、そんなにお金はもらえません。

出演料は、作家は「文化人」の枠になります。「芸能人」とは違い、ギャラは3万円ぐらいが相場ですが、低予算の番組などでは5000円というところもあります。ただ、マスコミで取り上げられたり、テレビにちょくちょく出たりすると、本のPRにもなります。また、それによって知名度が上がると、講演料が高くなるというメリットもあります。

⑤テレビドラマの原作、作品の映像化

作家というと、作品がテレビでドラマになったり、映画の原作となって大もうけしている印象があるかもしれません。演劇でも扱われたりすると、もう笑いが止まらないぐらい印税が入ってくる印象があると思います。

ですが、映画の原作の場合、上限が１０００万円となっていて、それも出版社と分け合うようになっています。

映画がヒットしても、作家に原作使用料として支払われるのは、せいぜい数百万円ぐらいということも、よくあるのです。その金額だけを見たら大金ですが、それが毎年あるわけではないのが普通です。作家には退職金もないので、その意味では、それほどの金額ではないということです。

ハリウッドだと、何億円も払われるのかもしれませんが、日本でドラマ化、映画化されても、それによる本の売上げ増加以外の収入は、あまり期待できなさそうです。

それに、映画化されるような作品を書いて、大ヒットを飛ばし続けられる作家は、日本でもそんなにいません。

文豪、夏目漱石のぼやき、川端康成の願い

「文豪」と呼ばれる人たちがいます。作家にとっては、その頂点にいるような人たちですが、そんな頂点に立つ人たちでも、お金に困った時期があったのは、驚きです。

というより、逆の言い方をするなら、お金に困ったことがない作家などいないのではないかと思うほどです。

文豪といえば、その筆頭に誰もが思い浮かべるのが、夏目漱石ではないでしょうか。

その文豪、夏目漱石が、自分の生活についてぼやく一文を遺《のこ》しています。

「私が巨万の富を蓄《たくわ》えたとか、立派な家を建てたとか、土地家屋を売買して金を儲《もう》けて居《い》るとか、種々《しゅしゅ》な噂《うわさ》が世間にあるようだが、皆嘘《うそ》だ。

巨万の富を蓄えたなら、第一こんな穢《きたな》い家に入って居はしない。土地家屋などはどんな

手続きで買うものか、それさえ知らない。此家《この》だって自分の家では無い。借家である。月々家賃を払って居るのである。世間の噂と云《い》うものは無責任なものだと思う。」

（夏目漱石「文士の生活」、左右社編集部編『お金本』左右社刊）

夏目漱石が「文士の生活」として書いたものですが、それには、こんなことも書かれていました。

「私はもっと明るい家が好きだ。もっと奇麗な家にも住みたい。私の書斎の壁は落ちてるし、天井は雨洩《も》りのシミがあって、随分穢いが、別に天井を見て行って呉《く》れる人もないから、此儘《まま》にして置く。何しろ畳の無い板敷《いたじき》である。板の間から風が吹き込んで冬などは堪《たま》らぬ。光線の工合《ぐあい》も悪い。此上に坐って読んだり書いたりするのは辛《つら》いが、気にし出すと切りが無いから、関《かま》わずに置く。此間或《あ》る人が来て、天井を張る紙を上げましょうと云って呉れたが、御免《ごめん》を蒙《こうむ》った。別に私がこんな家が好きで、こんな暗い、穢い家に住んで居るのではない。余儀《よぎ》なくされて居るまでである。」

この文章は、下積み時代ではなく、すでに『吾輩は猫である』も出版されてベストセラーとなり、その印税が入った後に書かれています。「文豪」のイメージとは程遠い生活が想像できますが、それだけに親近感も湧いてきますね。

余儀なく「穢い家」に住んでいても、それを恨《うら》んだりしているわけでもない。「文士」として、余儀なく、というのは、つまり選んで生きていると私には思えます。

作家たちのお金にまつわる文章を集めた左右社編集部編の『お金本』は、作家という人たちの暮らし、現実を知るうえで興味深い本ですが、そこには、もう一人の文豪、川端康成が、「私の生活」として、10の「希望」をあげています。

その7番目の希望として、

「原稿料ではなく、印税で暮せるやうになりたいと思ひます。せめて月末には困らないやうに――」

とあります。これが書かれたのは昭和4（1929）年11月、『伊豆の踊子』が出版されたのは1926年、「東京朝日新聞」の連載がスタートしたのは1929年12月です。作家としては、まだまだ経済的に安定するというまでになっていません。

それにしても、後にノーベル文学賞を受賞することになる人も、「夢の印税生活」を夢見ていたのかと思うと、人の運命というのは面白いものですね。

松本清張《せいちょう》の資料収集と取材旅行の話

日本を代表するベストセラー作家の一人に、松本清張がいます。福岡県北九州市には松本清張記念館があって、そこには、松本清張が実際に暮らしていた自宅の一部が移築されています。書斎と書庫、また編集者が訪れたときに通される応接室も展示されていて、まさに、作家の息づかいが感じられるような空間です。

書庫には、2万3000冊の蔵書があったそうですが、そのすべてが作品を書くための資料で、推理小説、歴史小説を書くには、これほどの資料が必要なのかと思う反面、それだけの資料を読み解いていたからこそ、あれほどの作品を遺されたのだと納得しました。

それこそ、一つの作品を書くのにも、関連する記事で手に入れられるものはすべてそろえるというのが、松本清張という作家の書き方だったようです。その資料の買い方も、「金に糸目はつけない」というほどだったと聞いたことがあります。

松本清張の担当編集者だった櫻井秀勲《ひでのり》さんにうかがった話ですが、「かといって、何でもかんでも買う、というのではなく、あくまでも、その作品を書くために必要なものを買う、というのが清張さんの買い方」でした。

興味深いのは、同時代のベストセラー作家、司馬遼太郎の資料の買い方です。

司馬は、古書店の棚を見て、「ここからここまで」というような買い方をしていたそうです。それを後でじっくり読んで、次の本のアイデアを得たのでしょう。

松本清張の話に戻りますが、彼は、取材旅行にもよく出かけていったそうです。それこそ、楽しい印税の使い方といえるでしょう。犯人が逃げていくルートをなぞって、夜行列車に乗っていくことを考えただけでワクワクしてしまいますね。

一流の作家は、自分が創《つく》り出す物語と現実の境目がなくなって、取材の旅の途中も、ずっと、その作品の世界に没入していたのではないでしょうか。本人にとっては、幸せな時間だったと思います。

櫻井さんが「女性自身」の副編集長時代、松本清張の『波の塔』を連載していましたが、その取材旅行として二人で、富士山麓《さんろく》の樹海《じゅかい》にまで行ったそうです。

お互いのからだに命綱《いのちづな》をくくりつけながら、

「こんなところで君と心中なんてごめんだ」

「僕だって、そうですよ」

などと軽口をたたきながら、内心、「本当に怖かった」と櫻井さんは懐《なつ》かしそうに話してくれました。

私も、『大富豪からの手紙』(ダイヤモンド社)を書いたときには、担当の飯沼一洋《いいぬまかずひろ》さんと、この本の舞台となったタイのバンコク、チェンマイ、ブータンにも行きました。私にとっては生まれて初めての、出版社の招待旅行だったのですが、すごく刺激を受けました。一流の編集者と取材旅行ができたのは、作家にとって大きな幸せだと、早世した飯沼さんとの思い出を振り返りながら思います。

書斎と自分の世界に閉じこもりがちな作家は、自分のお金を使ってでも、出て行くべきでしょう。

森村誠一が大切にした編集者との絆《きずな》

お金の使い方でもう一人興味深い作家は、森村誠一です。元ホテルマンという変わった経歴の森村が作家デビューしたのは、36歳のときです。昭和を代表する作家で、全盛期の角川映画とタイアップして、一時代を築いた人です。

２０２３年、90歳で天寿を全《まっと》うされましたが、そのお別れ会には、多くの作家、出版関係者とともに、１００人を超える、かつての担当編集者が駆《か》けつけたそうです。

作家と編集者の関係は、独特の絆があると思っていますが、それでも、お別れ会に、それだけの編集者たちが集《つど》ったのは、関係性が特別だったからでしょう。

森村誠一が、生前、夏と年末には、ホテルを借り切って、担当編集者たちとの懇親会を開いていたことは、私も知っていました。

その会の招待者は、いまの担当編集者はもちろんですが、かつての担当編集者、出版社のOBなど、毎回100人を超えたそうです。会費は無料。費用は、すべて森村先生が持っていました。帰るときには、先生が「これはおいしい」と思ったお土産を、全員分用意されていたそうです。

この例会を楽しみにしていた元編集者も多かったようです。そこに行けば、尊敬する大好きな作家と会えるだけでなく、出版界の先輩、後輩が一堂に会しているわけですから。

森村先生から編集者たちへ感謝の会だったのでしょうが、毎年それを続けたことに、森村誠一という作家の思いが伝わってきます。関係者に愛されて、これほど幸せなことはなかったと思います。

自分の本に一度でも携《たずさ》わってくれた人には、一生恩返しするという姿勢は、作家としてだけでなく、人間的にも大変尊敬できます。

印税を使い果たしたり、借金をしたりして破綻的な生き方をした作家とは、大きな違いです。そのお金の使い方は、作家の人柄や信念が感じられるエピソードですね。

本章のまとめ

- 作家の生き方はユニークで、多様なライフスタイルがある
- 売れる作家になるためには、読者を引き込む内容とわかりやすい文章が重要
- 自分に合ったジャンルを見つけ、それに特化して執筆することで、長く作家活動を続けることができる
- 自己表現と読者への貢献が作家の喜び
- 原稿料や印税だけでなく、さまざまな収入源を活用することで、安定した収入を得ることができる
- 成功を手にするまでの道のりは決して平坦ではないが、努力と信念を持ち続けることが大切
- 人間関係や感謝の気持ちが作家人生を豊かにする

【第2章】

作家のタイプと、印税の使い方

作家とお金――6つのタイプ

作家という職業には多様な側面があります。同じ「作家」という職業なのに、その人の価値観によって、スタイルや日常生活は、全然違います。

印税の使い方や経済的な行動も、作家のタイプによって大きく異なります。

ここでは、作家をタイプ別に説明し、それぞれが、どのようにお金と向き合っているのかを探ってみましょう。

まず、作家を大きく分けて、次の6つのタイプに分類してみました。

❶【アーティストタイプ】
❷【破綻タイプ】

❸【打ち上げ花火タイプ】
❹【ビジネスマンタイプ】
❺【アルバイトタイプ】
❻【会社員タイプ】

それぞれのタイプは、経済的な行動や印税の使い方、そして生活スタイルが全然違います。どれがいい悪いではなく、いろんな人たちがいる、という意味での分類です。タイプが違えば、同じ職業とは思えないほど、お金とのつき合い方も違います。あえて作家の名前はあげませんが、想像しながら、考えてみてください。

❶の【アーティストタイプ】は、創造性を大切にして、情熱的に生きています。お金よりも芸術的な満足感を追求し、作家として得た収入を、自分を高めるために使ったり、次の作品やプロジェクトに投資したりします。このタイプは、時に経済的に不安定になりますが、その分、豊かな創作活動を続ける力を持っています。

❷の［破綻タイプ］は、計画性がまったくなく、気分のおもむくまま、執筆をします。強烈な情熱と独自の世界観を持っています。

印税が入ると目先の楽しみや欲望を満たすことに使ってしまい、経済的に困窮することが多いようです。でも、そんな矛盾《むじゅん》や奔放《ほんぽう》な生き方のおかげで、面白い作品を世の中に出すエネルギーがあります。

❸の「打ち上げ花火タイプ」は、いわゆる「一発屋」の作家です。

このタイプは一時的にヒットを飛ばし、大きな収入を得ることがありますが、長続きしないことが多いです。文学賞などを取った後に、スランプに陥ってしまう人が、このタイプの作家です。せっかく訪れた幸運を上手に使うことができません。少し世の中に出るのが早かったと言えるでしょう。

❹の［ビジネスマンタイプ］は、お金を稼ぐことに、一生懸命です。

本業が別にあったり、作家という仕事をフルタイムでやっていたとしても、作家という仕事をビジネスとして捉えます。印税を効率よく運用して、ビジネスチャンスを見逃しません。彼らは複数の収入源を持ち、経済的な成功を目指して戦略的に動いています。

5の［アルバイトタイプ］は、執筆のほかにも、本業があったり、仕事を掛け持ちしています。印税をあくまでも一時的な収入と捉え、いまの仕事を手放さなかったり、複数の仕事で収入源を確保しています。学校の先生をやりながら、会社員をやりながら、こっそり小説を書いているようなタイプと、会社員をやりながら、趣味のようにビジネス書を書くタイプがいます。

本がまだ安定的に売れていないせいもありますが、いろんな仕事を通じて得た経験や知識を、創作活動に反映させて、執筆を続けています。

6の［会社員タイプ］の作家は安定志向です。

彼らは堅実《けんじつ》な人生を生きていて、一定数のファンがいるので、作家の収入だけで、ある程度の生活ができるようになっています。金銭感覚もしっかりしていて、印税が入ったら、すぐにお酒に使ったり、ギャンブルでなくしたりということはありません。このタイプの作家は、リスクを避け、安定した人生を送ることを重視します。職業作家になっても、タイムカードを使って、9時〜5時の仕事スタイルを守る人もいます。

創造性と情熱に生きる［アーティストタイプ］の成功法則

創造性と情熱を何よりも大切に考えるアーティストタイプの作家にとって、書くことは自己表現の手段であり、魂の叫びを表現する行為ともいえます。彼らは経済的な安定よりも、創作活動の自由と満足感の方を大切にします。ここでは、アーティストタイプの作家の成功法則を探ってみましょう。

独自性を追求していく作家の基準は、「どれだけ自分が納得できるか」だけです。

印税の使い方においても、独自のアプローチを取るアーティストタイプの作家は多いです。得た収入を次の作品やプロジェクトに再投資するのです。

たとえば、新しいインスピレーションを得るために旅行をしたり、執筆のための資料、リサーチなどに、時間とお金を費やしたりします。このような投資は、作品に深みと独自性をもたらし、結果的に読者から高く評価されることが多いです。

また、クリエイティブな環境を大切にする彼らは、自分の好みで作った書斎や、取材で訪れた旅先で執筆することを好みます。

時に経済的に不安定になっても、彼らはリスクを恐れません。創作の自由と満足感が何よりも大切だからです。お金がなくても、それはそれで新しい経験になり、未来の作品に深みを与えることを知っています。

彼らは、現状で満足せずに、自分のテーマを深掘りしていったり、自身を磨くことにも余念がありません。常に新しいものを生み出すことに情熱を燃やし、作品を進化させるためにエネルギーを注ぎます。

お金は、すべてすばらしい作品を生み出すために使う。

ですが、次の破綻タイプに比べると、まだアーティストタイプの作家は、常識が通じます。

リスクを恐れず突き進む「破綻タイプ」の光と影

リスクなど考えもしないこのタイプの作家は、一般の常識やルールに縛られていません。独自の世界観を持ち、その情熱のすべてを作品に注ぎ込みます。経済的に不安定な状況に陥ることがあっても、そんなことを気にしていません。爆発的な情熱と無頼派《ぶらいは》のような生き方、独自の世界観が、読者を魅了します。

このタイプの作家は、**創作活動にすべてを捧げる生き方以外は、できません。彼らにとって、執筆は単なる仕事ではなく、生きる目的そのものです。**目の前の快楽や欲望を満たすことを優先するのが、破綻タイプの作家です。

創作にすべてを注ぎ込むので、将来の計画とかがあるわけではありません。深夜から明け方まで執筆に没頭し、昼間はインスピレーションを得るために街を歩きまわる生活を送ることも珍しくありません。このような生活スタイルは、一般的な職業とは一線を画しており、作品に独自の色を与えます。

その一方で、お金のことは、さっぱり考えません。そういうことを考えるのは、面倒だし、美学に反します。でも、そういう作家は、印税を無計画に使い果たし、収入が途絶えたときに経済的に困窮することが多いのです。

成功したときには一時的に大きな収入を得ることがありますが、そのお金を手元に置いておくことができません。

たとえば、華やかなパーティーや高価な買い物、ギャンブルに散財してしまい、収入が途絶えたときにピンチに陥ってしまうのです。

また、創作活動においても一貫性が欠けることがあります。

お金がなくなると、創作意欲が減退し、さらに収入が減り、困った状況に陥ります。借金のせいで、やらなければいけない雑事も増えて、意識が集中しなくなります。

それでも、彼らには独自の魅力があります。作品は情熱的で、読者に強いインパクトを与えます。

一発逆転の輝きを放つ「打ち上げ花火タイプ」の成功と課題

打ち上げ花火のように、一作のヒットで、作家人生のエネルギーが尽きてしまう人がいます。彼らは一度の大ヒットで一世を風靡《ふうび》し、華々しい成功を収めますが、その後のキャリアはパッとしません。この「打ち上げ花火タイプ」の作家たちの特徴と、成功の後に何が起きるのかについて見ていきましょう。

このタイプの作家は、デビュー作が大ヒットし、瞬《またた》く間に世間の注目を集めます。

彼らの成功は、時代のニーズや読者の心理を巧《たく》みに捉え、共感を呼ぶ物語や独自のスタイルのおかげです。作品が社会現象となり、メディアでも取り上げられることで、一気に知名度が上がります。この急激な成功により、印税やメディア出演料などの収入も急増し、短期間で経済的にも豊かになります。

しかし、このような急激な成功にはリスクも伴います。

作品が一度大ヒットすると、その後の作品に対する期待も非常に高くなり、プレッシャーが増大します。次の作品が前作と同等以上の成功を収めなければ、読者や出版社からの評価が厳しくなり、残念な結果を招くこともあります。

打ち上げ花火タイプの作家は、成功の後にスランプに陥ることが少なくありません。

一度の成功が大きすぎたために、次の作品に対する周りの期待が過剰になってしまい、創作意欲が低下します。さらに、急にお金が入ってくると、環境が大きく変わります。浪費癖がついたり、大きな家に引っ越したりして、せっかく稼いだ大金がなくなります。

このタイプの作家が成功を持続させるためには、次の作品に対する計画的なアプローチと、長期的な視点でのキャリアプランが重要です。

大ヒット作の後も地道に執筆活動を続け、読者との信頼関係を築き上げることが求められます。また、経済的な成功を一時的なものと捉えず、堅実な財務管理を行い、次の創作活動に備えることが大切でしょう。

収入を最大化する「ビジネスマンタイプ」の成功戦略

ビジネスマンタイプの作家は、執筆活動をビジネスとして捉え、いまの収入や資産を最大化することを考えます。アーティストタイプとは、正反対と言えるでしょう。

彼らは、自分の作品を商品として捉え、市場の需要を見極め、効率よくお金を稼ぐことを目指します。このタイプの作家は、創作とビジネスのバランスをとって、安定した収入を確保し、成功を手に入れています。

彼らは、何が売れるかをたえず研究して、読者の購買パターンを理解しています。**トレンドや読者のニーズを的確に捉え、それに応じた作品を提供するようにしています。**人気のジャンルや話題になっているテーマを選び、読者が求めている内容を提供することで、売上部数を伸ばします。

さらに、作品のプロモーションにも力を入れています。出版後のマーケティング戦略を綿密に計画し、ソーシャルメディアやブログ、イベントなどを活用します。

プロモーションが得意であり、自分自身をブランドとして確立することに長《た》けています。自分の名前がブランドとなり、読者からの信頼を得られれば、次の作品の売上にもつなげることができます。

このタイプは、複数の収入源を持っています。書籍の印税だけでなく、講演会やセミナーからも収入があります。複数の収入源のおかげで、執筆の仕事だけに依存せず、リスクを分散することができます。

彼らは、**収入と支出をきちんと管理し、将来のための貯蓄や投資を行うことができます。**収入の一部を次のプロジェクトやマーケティング活動に投資することで、継続的な成功を目指します。また、税務対策や契約の重要性を理解し、プロフェッショナルなアドバイザーの助けを借りることもあります。

このタイプの作家は、猛烈な個性を持つアーティストや破綻タイプの作家と比べると、人間的な魅力は、少し足りないかもしれません。

二足のわらじで夢を追う【アルバイトタイプ】の成功法則

アルバイトタイプの作家は、他に仕事があって、本も少し書いている人たちです。他に安定した収入があるので、創作活動を続けられます。会社員、教師、銀行員や医師などの本業がある人が、趣味の延長で本を出すといった感じです。

彼らは、時間の使い方が非常に上手です。**限られた時間の中で、効率的に執筆を進めるスキルを持っています。**たとえば、通勤時間や休憩時間を有効活用してアイデアをメモに書き留めたり、構想を練ったりします。このために、まとまった時間が取れない日常生活の中でも、創作を進めることができます。

自分の仕事から得られる経験や知識を創作活動に活かします。

複数の業界での仕事経験や、人々との交流を通じて得た洞察《どうさつ》力が作品に深みとリアリティを与えます。

たとえば、接客業で得た人間観察力や、医療や法律など、本業で知り得たことは、執筆にとっても役立ちます。

本業の安定的な収入があるので、作家の収入が不安定でも、生活を維持することができます。そのために、お金のプレッシャーから解放され、自由な発想で執筆できます。

彼らは、自己管理能力にも優れています。複数の仕事をこなす中で体調を整え、時間も有効に使って、本を書き続けています。

アルバイトタイプの作家は、強い意志と情熱を持っています。どんなに忙しくても、自分の夢を諦《あきら》めず、コツコツと努力を続けます。このタイプは、不定期に出版してもかまわないので、〆切を気にせずに、クオリティーの高い原稿が書けます。

最初は、アルバイト的に始めた執筆も、本が売れ始めると、作家業を本業にする人が出てきます。作家には、それまでは会社員、自営業、主婦など、ごく普通の生活をしていたのに、自分の本がベストセラーになって、人生が大きく変わる人がいます。

そういう意味では、アルバイトタイプは、専業作家へのステップだと言えるでしょう。

安定と創造性のバランスを取る「会社員タイプ」の成功法則

このタイプは、リスクを避け、安全な生活を築くことを第一に考えます。

作家業をひとつの仕事として捉えて、着実に作品を生み出します。生活リズムも一定で、堅実な生活を送っています。安定を重視し、計画的にお金を管理できています。

このタイプの作家は、印税をひと晩のうちに、パッと飲み代に使ったりはしません。

経済的な安定のおかげで、安心して創作活動に専念することができています。

生活の不安を感じることが少なく、創作活動に集中できる時間が多く、質の高い作品を生み出すことができます。計画的な生活スタイルのおかげで、創作の時間を確保しやすく、〆切に追われずに、自分のペースで執筆を進めることができます。

自分の作品を定期的に出版し、一定のファンがついているので、安定した収入が見込まれます。そのため、趣味や家族との時間を大切にし、リラックスした環境で創作活動を行うことができます。子どもの運動会とかにも積極的に参加するなど、傍《はた》から見たら、普通の会社員のように見える人も多くいます。

彼らは、友人や同僚の作家たちとのつき合いなども上手で、そういうところからも、新しいアイデアやインスピレーションを得ています。彼らの人間関係は、創作活動において非常に重要な役割を果たします。

会社員タイプの作家は、自分の生活を適切にコントロールして、安定した収入を得るための計画的な執筆計画も持っています。**堅実な生活スタイルは、長期的な安定をもたらし、創作活動に専念するための土台を築くのに役立ちます。**

このタイプの作家は、幸せな作家として、理想的なモデルと言えます。

専業作家として、10年以上活躍している人は、多くがこのタイプです。自分なりのスタイルを見つけて、質の高い作品を世の中に送り出していっています。

ひと昔前の作家が、このタイプの生き方を見たら、少し堅実すぎて、「おまえたち、真面目すぎて退屈だなぁ」と言われるかもしれませんね。

本章のまとめ

- 作家には6つのタイプがあり、各タイプで独自の経済的行動と印税の使い方がある
- 「アーティストタイプ」は創造性と情熱を重視し、収入を次のプロジェクトに投資
- 「破綻タイプ」はリスクを恐れず突き進みがち
- 「打ち上げ花火タイプ」は収入を賢く管理し、長期的視点で運用
- 「ビジネスマンタイプ」は市場を理解し、効果的なマーケティング戦略を実践
- 「アルバイトタイプ」は効率的な時間管理と柔軟性を活かし、経済的リスクを分散
- 「会社員タイプ」は計画的な財務管理を重視し、長期的な安定を確保
- 自分のタイプを理解し、その特性を活かした戦略を立てることが成功の鍵
- 自己認識を深め、適切な行動を取ることで、読者からの支持を得る

第3章

作家の日常
――本を書くということ

創造性の源泉――インスピレーションを引き出す方法

創造性は、生まれつきの才能もありますが、意識的に培うことができるものです。

多くの作家が自身の創造性を高めるために、いろんなことをやっています。

自宅で執筆だけをしていると、たいした刺激はありません。だから、執筆を終えたら、新しい経験をすることを心がける作家が多くいます。作家が外でお酒を飲むのも、次の本のネタになるような面白い話が聞けるからです。

また、行ったことがない場所に出かける、違う職業の人と話す、新しい本や映画に触れる、といったことも創作のヒントになります。取材旅行と称して、外国に出かけたりするのも、そういう意味があるのです。古き良き時代には、出版社が全部費用を出して、編集者が作家を海外旅行に連れ出すといったこともあったようですが、さすがにそういう気前のいい話は、ほとんど聞かなくなりました。

また、**リラックスした状態を保つことも、創造性を高めるためには欠かせません。**ストレスやプレッシャーがかかると、思考が閉じこもり、創造的な発想が出にくくなります。日常生活の中でリラックスする時間を作ること、たとえば瞑想《めいそう》や深呼吸、軽い運動などを取り入れることで、心身がリフレッシュされ、インスピレーションが湧きやすくなります。

自然との触れ合いも創造性を刺激します。自然の中で過ごす時間は、心を落ち着かせると同時に、新しい視点やアイデアをもたらしてくれます。森林浴や散歩、海辺での時間など、自然の中で過ごすことで、頭がクリアになり、新しいインスピレーションが得られることが多いものです。

鎌倉、軽井沢、熱海、八ヶ岳、伊豆などに別荘を持つ作家もたくさんいます。壁一面に本が並ぶ書斎で、作家が執筆している写真を見たことのある人もいるでしょう。

作家にとっては、**読書も創造性を高めるための時間になります。**他の作家の作品を読むことで、自分の考えや視点を広げることができます。自分とは異なるジャンルの本を読むことも、意外な発想やアイデアを引き出すきっかけになるのです。

ネタの見つけ方——日常生活からアイデアを生み出す秘訣

日常生活の中には、書くことのネタが溢れています。作家として、何気ない瞬間や日常の出来事を、どのように物語に昇華させるかが才能といえるでしょう。

たとえば街を歩くときやカフェで過ごすとき、周囲の人々の行動や会話に耳を傾けましょう。人々のしぐさや表情、言葉の選び方など、細かな部分に注目することで、キャラクターのヒントを得ることができます。観察を通じて浮かび上がる人間関係や社会の動きも、物語の背景として活用できます。

ふとした瞬間に浮かんだアイデアや気づきをすぐに記録することで、後で見返したときにネタの宝庫となります。スマートフォンのメモアプリや小さなノートを持ち歩き、思いついたことをすぐに書き留めるようにしましょう。日常の中で見聞きしたこと、感じたことを記録しておくと、意外なつながりやアイデアが生まれることがあります。

さらに、自分自身の経験や感情を掘り下げることもカギになります。

過去の出来事や感情の記憶を振り返り、それを物語の一部に組み込むことで、リアリティのあるストーリーが生まれます。困難を乗り越えた経験や、心に残る喜びの瞬間など、個人的な体験をもとにしたエピソードには、読者の共感を呼び起こす力があります。

また、日常の中で疑問に思うことや興味を持ったことを深掘りする習慣も役立ちます。普段からニュースやドキュメンタリーを見て、自分なりの疑問や関心をメモしておくと、それが本のテーマや設定のヒントになることがあります。

興味を持った事柄について調べることで、新たな知識が得られ、それが物語のリアリティや深みを増す要素となります。

日常生活を豊かにするための趣味や活動も、ネタの源泉となります。旅行やハイキング、アート鑑賞など、普段とは違う環境に身を置くことで、新たな視点や感覚が刺激され、創作のインスピレーションが得られます。自然の中で過ごす時間や、美術館での鑑賞体験など、非日常的な経験が物語の源泉になるのです。

創造のブロックを乗り越える――スランプを克服するための戦略

創作活動を続けていると、どんな人でも、一度はいわゆるスランプに直面するものです。このスランプは、どんなに才能のある作家でも避けられない試練だといえるでしょう。いや、才能がある人ほど、自分に対する批判も厳しくなるので、ロックがかかったような状態になりがちです。

多くの有名な作家も、苦労しています。

たとえば、ホラー小説の巨匠スティーヴン・キングも、執筆のスランプに陥ったことがあります。彼は『シャイニング』を書き上げるまでの過程で、アルコール依存症に悩まされました。ですが、**キングは毎日一定のページ数を書き続けるという自己ルールを守り、スランプを乗り越えたようです。**執筆のリズムを取り戻すことで、最終的に彼の作品は映画化され、世界的な作家になりました。

村上春樹は、執筆に行き詰まったとき、英語で書くことを思いつきました。彼は、自分の日本語の文体に飽きてしまったので、英語で短編小説を書くことに挑戦しました。この新しい挑戦が彼に新しい視点を与え、スランプを乗り越えました。その後、英語で書いたものを日本語に翻訳し直したりして、いまの独自の世界を創りました。

アーネスト・ヘミングウェイも、執筆のスランプに陥ることがありました。**彼は「日々の目標を小さく設定する」ことでスランプを克服しました。**一日一文でもいいから書く、という感じで少しずつ自信を取り戻し、執筆を続けることができました。

『食べて、祈って、恋をして』の著者エリザベス・ギルバートも、成功後のプレッシャーからスランプに陥りました。彼女は、次の作品に対する周囲の期待が大きすぎて執筆が進まなくなりました。その時、**彼女は自分自身に「次の作品が成功しなくてもいい」と許可を与えました。**彼女は自由に書くことができるようになり、スランプを克服しました。

世界的に成功した作家も、それぞれの方法でスランプを乗り越えています。

本章のまとめ

- 創造性を高めるためには、新しい経験を積極的に取り入れることが重要
- 規則正しい生活と適度な運動は、創造性の維持に欠かせない
- 日常の中でネタを見つけるためには観察力とメモを活用する
- 異なる視点から物事を見ることで、新しい発見が生まれる
- 書くことは自己発見と成長のプロセスである
- スランプに陥ったときは環境を変えることが効果的
- 小さな目標を設定し、達成感を味わいながら進むことが重要
- 継続的な努力と工夫が、作家としての成功につながる

第4章

創作を支える書斎の力
――どこで書くか

書斎の魔力——クリエイティブスペースの重要性

作家にとって、書斎という場所は、ただの仕事場ではありません。そこは、クリエイティブな魔法に満ちた、特別な空間です。この空間次第で、創作意欲、執筆のクオリティーが決まるといってもいいでしょう。

書斎は作家にとっての「聖域」なのです。この空間に足を踏み入れると、外界の雑音や日常の煩わしさから解放され、集中力を高めることができます。

それがいかに雑然としたスペースでも、本人にとっては、次元が変わる空間なのです。作家の頭の中に湧き上がるアイデアや物語が、邪魔されることなく形を成す場所です。

たとえば、アガサ・クリスティは専用の書斎を持ち、その静かな環境で数々の名作を生み出しました。彼女の書斎は、創作活動の中心地として機能していました。

第4章
創作を支える書斎の力―― どこで書くか

Agatha Christie

写真:アフロ

書斎のレイアウトやインテリアも創作に大きな影響を与えます。作家は、自分が最もリラックスできる環境をつくり出すことで、執筆の効率を最大限に引き出すことができます。

アーネスト・ヘミングウェイは、自宅の書斎で立ったまま執筆することで知られていました。彼は、このスタイルが彼の集中力を高め、筆が進むと感じていました。いまでこそ、高さが上下するライティングデスクがありますが、さすが進んでいますね。

書斎の魔力は、単に静かであることだけではなく、インスピレーションを引き出すアイテムに囲まれていることにもあります。

棚に並ぶお気に入りの本や、壁にかけられたアート作品、デスクに置かれた思い出の品々が、作家にとっての創作の触媒となります。村上春樹は、彼の書斎に音楽機器を配置し、音楽を聴きながら執筆することで、独自のリズムを保っていました。このように、自分自身を取り巻く環境が創作の原動力となるのです。

また、書斎は習慣をつくる場でもあります。毎日決まった時間に書斎に向かい、執筆を開始するというルーティンが、すばらしい作品を生み出すのです。

第4章

創作を支える書斎の力――どこで書くか

Ernest Hemingway

写真：Tore Johnson/Magnum Photos/アフロ

著名な作家たちの書斎ツアー——インスピレーションを探る

有名な作家の書斎を訪れることは、私の隠れた趣味でもあります。

作家の創作の源泉や生活の一部を垣間《かいま》見ることのできる貴重な機会です。有名作家の記念館に行くと、生前の書斎をそのまま保存してある場合があります。

また、自分が本を書くようになって、対談とかで、有名な作家の方のご自宅や仕事場にうかがうことがあります。そんな折には、書斎に案内していただくこともよくあります。

というか、おねだりして見せてもらいます（笑）。

どんな書斎にも、その作家らしさを感じられるし、「この机から、あの作品が生まれたのか！」と感動してしまいます。

ノーベル文学賞を受賞した大江健三郎の書斎も写真で見たことがあります。

第4章

創作を支える書斎の力——どこで書くか

Kenzaburo Oe

写真：The New York Times/Redux/アフロ

そこは、いわば静寂が支配する場所で、書籍と原稿用紙が整然と並べられていました。大江健三郎は執筆中、外部の音や影響を一切遮断することで、作品に対する集中力を高めていたそうです。**書斎の静かな環境が、深い思索と独特の文体を支えていたのだと感じます。**

英語学者の渡部昇一先生のご自宅にうかがったときにも、書斎に通していただいたのですが、そのときの感動は忘れられません。

渡部先生は日本の有名な保守派の知識人であり、作家でもあります。その書斎は図書館のように、膨大な量の書籍が並ぶ壮観な景色でした。本棚には歴史、哲学、文学など、さまざまなジャンルの書籍がびっしりと詰まっており、その知識の広さと深さに圧倒されました。書斎の中心には大きな机があり、そこには常に数冊の本が開かれていました。渡部先生の、常に新しい知識を追究している姿勢がうかがえました。

村上春樹の書斎は、音楽と書籍が融合した独特の空間でした。部屋にはレコードプレイヤーと大量のレコードが置かれており、執筆中にはジャズやクラシック音楽が静かに流れています。その音楽を聴きながら、その音楽とともに、物語を紡いでいったのでしょう。そこは、まさにクリエイティブな空間そのものです。

第4章

創作を支える書斎の力── どこで書くか

Shoichi Watanabe

写真:キッチンミノル

複数の書斎を持つ――場所を変えて創作意欲をリフレッシュ

書斎で過ごす時間が、すばらしいと思っても、都市に住んでいる日本人は、自宅に書斎を作ることは、現実的ではないと思います。私の場合もそうでした。台所のテーブルが一番大きかったので、そこで深夜、家族が寝静まった後に、原稿を書いていました。多くの駆け出しの作家は、昼間の疲れを忘れて、執筆に没頭《ぼっとう》していると思います。

そういう意味では、自分が書斎を持てるようになるまでは、自宅のキッチンか、外のカフェで原稿を書くというのが、現実的なところでしょう。

私の代表作である『ユダヤ人大富豪の教え』（大和書房）の原稿の大半は、桜新町にあるロイヤルホストで書きました。娘を保育園に預けた送りと迎えの間の3時間、集中して書いたのを懐かしく思い出します。いまから考えると最も充実していた時期かもしれません。

作家にとって、創作の場である書斎は、大切な場所ですが、ずっと同じ場所に長時間いると、どうしても気分がマンネリ化してしまいます。そこで、複数の書斎を持つことのメリットについて考えてみましょう。

といっても、すべて自分が所有している、という必要はありません。

朝は自宅の書斎で静かにスタートし、午後にはカフェの一隅《いちぐう》で執筆を続ける。夕方には図書館の一室でリサーチをする――というように、一日の中で場所を変えることで、疲れを感じにくくなり、集中力を保ちやすくなります。

自宅の書斎（あるいはキッチン）は執筆専用、カフェの書斎はアイデア出しや構成作業、図書館の書斎はリサーチといった具合に、それぞれの場所で行う作業を決めておくといいでしょう。自然とその環境に適した効率的な仕事の仕方が身につきます。

マスキング効果と言って、カフェでガヤガヤしているほうが、集中できる人もいるようですが、静かな環境がいい人は、朝早くか、深夜のほうがいいかもしれません。

作家は、いろいろ試してみて、自分がいちばんやりやすい形に落ち着くようです。

あなたは、どんな環境が落ち着くのでしょうか。

本章のまとめ

- ☑ 書斎は作家にとっての特別なクリエイティブスペースである
- ☑ 静かで落ち着いた書斎は集中力を高め、創作の聖域となる
- ☑ レイアウトやインテリアが創作に影響を与える
- ☑ 書斎はインスピレーションを引き出すアイテムで満たされている
- ☑ 複数の書斎を持つことで新鮮な刺激を得られる
- ☑ 行き詰まったときには場所を変えることが効果的
- ☑ 理想の書斎は効率的かつ美的にデザインされている
- ☑ 書斎でのルーティンが創作のリズムをつくる
- ☑ 書斎は作家の精神的な安定とモチベーションを支える
- ☑ 書斎は作家が創造性を高めるためのさまざまな刺激を提供する

第5章

〆切との戦い
——言い訳の天才になる

ユーモアで乗り切る〆切地獄

作家の人生には、避けて通れないものがいくつかありますが、その一つが〆切です。

〆切とは、作品の完成を求められる恐怖の瞬間であり、多くの作家にとっては、一番大きなストレスの源だといえるでしょう。原稿を取りに来た編集者が、借金取りに見えてきます。まるで、彼らが借金の催促に来ているよう感じてしまうのです。

そういうわけで、有名な作家たちは、そんな恐怖の〆切にも対抗する方法を編み出しています。それは、ユーモラスでクリエイティブな「言い訳」のスキルを磨くことです。

〆切に間に合わないとき、ただ「遅れます」と言うのではダメと言われるだけでしょう。うまくユーモアを交えた言い訳をすることで、編集者の怒りを和《やわ》らげ、仕方がないなぁと思わせられたら、勝ちというわけです。

ここでは、実際に使われた（あるいは使われたかもしれない）ユニークな言い訳の数々を紹介しながら、〆切との戦いについて見ていきます。

いままでに聞いた「しゃれた言い訳」は、「インスピレーションの神が休暇中です」というものです。

これは、創作のムードがどうしても乗らないときに使える言い訳でしょう。

編集者に、

「神様も休むことが必要なんです。だから、私の創作意欲も今は充電中です」

と伝えれば、ちょっとした笑いを誘うことができるでしょう。ですが、編集者が信心深い場合には、別の言い訳を考えたほうがいいかもしれません。

言い訳の天才になるためには、ただ単に面白いことを言うだけでなく、相手の気持ちを和らげることが重要です。

編集者も人間ですから、ユーモアを交えたやり取りができれば、多少の遅れも理解してくれることがあります。ただし、何度も同じ言い訳を使うと信頼を失うので、バリエーションを持たせなければならないでしょう。

〆切延長のお願い──文豪たちのユニークな言い訳

どれほど優《すぐ》れた才能を持つ文豪でも、時には原稿が間に合わず、編集者に〆切の延長をお願いすることがあります。その際、彼らが用いたユニークな言い訳は、しばしば後世に語り継がれる逸話となっています。おもしろいものをいくつか紹介しましょう。

たとえば、マーク・トウェインは、ユーモアを交えた言い訳で知られています。

彼はあるとき編集者に、

「原稿があまりにも素晴らしすぎて、自分自身が驚いている。もう少し時間をかけて、この驚きに慣れたい」

と伝えたことがあります。トウェインのウィットに富んだ言い訳は、編集者を笑わせつつも、延長の了承を得る効果的な方法でした。

アメリカのSF作家、フィリップ・K・ディックは、夢見がちな言い訳をしました。

「昨夜見た夢の内容があまりに鮮明で、その影響で現実と夢の区別がつかなくなってしまった。もう少し時間が必要だ」

と編集者に説明したことがあったそうです。ディックの作品にはしばしば夢や幻覚がテーマとして登場するため、編集者も納得したといわれています。

イギリスの小説家、コリン・ウィルソンは、

「宇宙からのインスピレーションを待っている」

と言い訳しました。彼は評論家でもありましたが、SF作家としても知られ、宇宙や未知の領域への興味が強かったため、このような言い訳も彼らしいものでした。編集者は彼の独創性を理解し、期限を延長することに同意したそうです。

日本の作家でもユニークな言い訳をした例があります。

芥川龍之介《あくたがわりゅうのすけ》は、しばしば**「創作の神が降りてくるのを待っている」**と言い訳し、編集者にも〆切を延ばしてもらっていたそうです。芥川の繊細な精神状態を理解していた編集者は、彼の要望に応じることが多かったと言います。

江戸川乱歩《えどがわらんぽ》は、猫のせいにすることがありました。

「うちの猫が原稿の上で寝てしまい、起こすわけにもいかず、進められなかった」

と編集者に伝えたこともありました。乱歩の猫好きは有名で、このような言い訳も彼らしいエピソードです。

村上春樹は一度、

「ジョギング中に思いついたアイデアをもっと練りたい」

と言い訳しました。村上はジョギングが創作の重要な一部であると公言しており、この言い訳も彼らしいものでした。編集者は彼の創作プロセスを尊重し、もちろん〆切を延ばしたそうです。

太宰治もまた、独特な言い訳を用いることがありました。

「今朝、カフェで書いていたら、隣のテーブルの会話があまりに興味深くて聞き入ってしまい、執筆が進まなかった」

と弁解したことがあったそうです。太宰の観察力と人間への興味が反映された言い訳で、編集者も苦笑しながら延長を許したそうです。

〆切を守る作家――プロフェッショナリズムと作業習慣

さきほど、文豪たちの〆切を延ばしてもらうための言い訳を紹介しましたが、ここでは、言い訳をすることなく〆切に遅れない有名な作家についてもお話ししておきましょう。

〆切を守ることができる作家は、みな規律正しい執筆スタイルと強い自己管理能力を持っています。彼らのプロフェッショナリズムや作業習慣は、私たちにも参考になります。

たとえば、スティーヴン・キングは、その筆頭にあげられるでしょう。

彼は毎日2000語を書くことを目標に掲げ、これを厳守しています。

キングは、朝早く起きて執筆を始め、一日の仕事を終えるまでそのペースを守ります。

この習慣は、彼が年間に複数の作品を発表し続ける原動力となっています。彼の著書『On Writing』では、執筆のルーティンがどれほど重要であるかが強調されており、多くの作家に影響を与えています。

J・K・ローリングもまた、〆切を守ることで知られる作家の一人です。彼女は『ハリー・ポッター』シリーズを執筆中、厳しいスケジュールを設定し、それを遵守《じゅんしゅ》しました。ローリングは、静かなカフェで執筆することを好み、特定の時間帯に集中して書くことで、高い生産性を維持しました。彼女の執筆スタイルは、〆切に対するプレッシャーをうまく管理しながら、クリエイティビティを発揮《はっき》するよい例となっています。

村上春樹については、〆切を延ばしてもらうための言い訳を紹介しましたが、じつは〆切を守ることに定評のある作家です。彼は非常に規則正しい生活を送り、毎日午前4時に起床し、午前中に4〜5時間執筆するというルーティンを守っていました。その後はジョギングをし、午後は静かに過ごすという生活パターンを持っていたそうです。この規律正しい生活が、彼の驚異的な執筆量と高品質の作品を生み出す源となっていたのでしょう。

SF作家で生化学者、ボストン大学の教授でもあったアイザック・アシモフもまた、〆切を厳守することで有名でした。アシモフは非常に多作で、生涯にわたって500冊以上の本を書きました。彼の執筆スタイルは、一日に何時間も机に向かい、集中して書き続けるというものでした。

アガサ・クリスティも、〆切を守るプロフェッショナリズムを持つ作家の一人です。彼女は定期的に新作を発表し、多くの作品がベストセラーとなりました。クリスティは、物語の設計を事前に緻密《ちみつ》に行って、それに基づいて執筆を進めました。そういう習慣のために、〆切に遅れることなく高品質の作品を提供できたのでしょう。

一流の作家たちに共通するのは、規則正しい執筆習慣と自己管理能力です。

彼らは、特定の時間に執筆を開始し、その時間を守り続けることで、高い生産性を維持しています。

人間には、朝型、夜型のタイプがいます。

誰も起きていない朝の4時に執筆が進む人もいれば、深夜の1時からのってくる作家もいます。いろいろ試してみて、自分の体調やメンタルの様子を見ながら、いちばんよいスタイルを確立することがカギになると思います。

〆切に追われない最高の方法——原稿は依頼される前に書いておく

〆切に追われない一番の方法は、「原稿を依頼される前に書いておくこと」です。

この方法を実践している作家たちは、その計画性と先見性によって驚異的な成果を上げています。具体的な例をあげてみましょう。

たとえば、ハーレクイン・ロマンスの著者として有名なバーバラ・カートランドは、この方法を極《きわ》めた一人です。彼女は非常に多作で、生涯に723冊の本を書きました。

彼女の執筆スピードは伝説的で、一日中タイプライターに向かって書き続けることもありました。**原稿のストックがあることで、〆切のプレッシャーから解放され、常に高い生産性を維持することができたのです。**

前に紹介した、現代のベストセラー作家であるスティーヴン・キングも、このアプローチを実践しています。キングは、常に次の作品のアイデアをあたためておき、執筆に取りかかる前に詳細なプロットを作成することで知られています。彼の著書『On Writing』では、「執筆が依頼される前に、原稿を書いておくことの重要性」が語られています。

イギリスの児童文学の巨匠エニッド・ブライトンも、この方法を極めた一人です。ブライトンは非常に多作で、750冊以上の本を書きました。彼女は常に複数の原稿をストックしておくことで、出版社からの依頼に即座に応えることができました。

日本の池波正太郎《しょうたろう》も、先に原稿を書き溜めておくことの重要性を強調しています。池波は毎日一定の時間を執筆にあてていました。アイデアが浮かんだときにはすぐにメモをとり、あとでそのメモをもとに作品を執筆します。これにより、彼は常に複数のプロジェクトを進行させ、作品を次々と仕上げることができました。

本章のまとめ

- 〆切という試練は、ユーモアとクリエイティビティでプレッシャーを和らげる
- 成功した作家はタイムマネジメントと計画的な執筆法を駆使して、〆切を守る
- 文豪たちのユニークな言い訳は編集者との信頼関係を築く一環
- 計画的な執筆法と作業環境の整備で、生産性を高め、〆切のストレスを軽減する
- 規律正しい執筆習慣と自己管理能力をもって、プロフェッショナリズムを発揮する
- 原稿を依頼される前にストックしておくことで、〆切のプレッシャーから解放され、創作活動に集中できる

第6章

作家のリアル
——家族との関係とダークサイド

家族にとっての「作家」という仕事

作家という職業は、傍から見れば、好きなことが自由にできて、夢のような職業に見えるでしょう。

でも、その裏には、作家本人や家族の苦労があります。たえず、新しい作品を創り出す作家の家族は、一般的な家庭とは違った悩みを持つことになります。

この章では、作家の家族が直面する生活のリアルについてお話ししていきます。

まず、作家の家族が直面する大きな課題の一つは、収入の不安定さです。

大半の作家の収入は、書籍の印税に依存しており、毎月一定の収入が保証されているわけではありません。

このため、経済的な不安が、常につきまといます。

家族は、作家が今の作品を書き上げるまでの間、しばしば緊張感の中で生活することになります。

さらに、作家の執筆活動は、孤独で長時間に及ぶことが多いため、家族との時間が制限されることがあります。

作家が執筆に集中している時期には、家族とのコミュニケーションが減少し、孤立感を感じることも少なくありません。

特に〆切が近づくと、作家は家族との時間を削って執筆に没頭するため、双方に、ストレスがたまります。そういう意味では、家族の理解と協力が不可欠です。

家族にとって、作家の成功は大きな誇りですが、日々の生活では、迷惑を被る立場でもあります。

一方で、作家という仕事には多くの喜びもあります。

書籍が出版されるたびに、その喜びを家族全員で分かち合うことができます。

また、書籍が読者に評価され、売り上げが伸びると、家族もその成功の果実をうけとることができます。特に子どもたちは、親が作家であることを誇りに思い、自分自身も創造的な道を歩むきっかけになることが多いようです。

また、作家の仕事は家族にとっても学びの場となります。執筆活動を通じて得た知識や経験を家族と共有することで、家族全員が新しい視点や知識を得ることができます。

たとえば、歴史小説を書いている作家の場合、その調査過程で得た歴史的な知識を家族と共有することで、家族全員が歴史について深く学べます。

さらに、作家の生活には自由な時間が多いという利点もあります。作家は自分のペースで働くことができるため、家族のイベントや子どもの学校行事に積極的に参加できます。

幸せな作家の家族は、共に困難を乗り越え、成功を分かち合うことで、深い絆で結ばれていることが特徴です。

作家業からくる経済的な不安定さや孤独感を乗り越えるためには、家族やまわりの理解と協力が必要です。作家の成功は、家族の努力、友人、編集者など、関係者すべてのおかげです。その成功を分かち合う喜びは、何物にも代《か》えがたいものです。

家族の支えが成功の鍵――作家と家族の協力関係

成功した作家に人生には、必ずと言っていいほど家族や協力者の支えがあります。家族の理解とサポートがなければ、創作活動は孤独で長続きしません。

私自身を振り返っても、家族の理解と協力なしには、作家としての今はなかったと思っています。執筆に疲れたときや気分転換が必要なときに、家族で一緒に過ごす時間は、大きな助けとなりました。

ノーベル文学賞を受賞した川端康成は、執筆に没頭するあまり、生活全般のことを後まわしにすることが多々ありましたが、妻の秀子さんがその間家事全般を取り仕切り、彼が執筆に専念できるよう環境を整えていました。

作家の家族がどのように支えとなるかを理解するために、もう一つの例として、アメリカの作家スティーヴン・キングの話を紹介します。

キングは初期の頃、経済的に非常に苦しい状況にありました。彼の妻タビサは、家計を支えるためにパートタイムの仕事をしながら、キングが執筆に専念できるように努《つと》めていました。彼の最初の大ヒット作『キャリー』が出版される前、キングは何度も挫折しかけましたが、タビサの励ましと支えが彼を奮起させ、ついに成功へと導いたのです。

村上春樹も、妻の陽子さんの存在が彼の作家活動において非常に大きな役割を果たしていたことを認めています。陽子さんは、作家である夫の執筆活動を支えるために、日々の生活を整え、彼が創作に集中できる環境をつくり出していました。村上春樹が小説の構想を練るために長期間の旅行に出る際も、陽子さんはその間の家のことをすべて引き受けてくれていたそうです。

創作活動は孤独な作業であり、自己疑念やプレッシャーに苛《さいな》まれることが少なくありません。そのようなとき、家族や親しい友人の理解や励ましの言葉は、作家の心を癒やし、再び創作意欲をかき立てる力となるのです。

ダークサイドに身を落とした作家たちの末路

作家という職業には、表には出ない暗い側面があります。

多くの人が華やかな文学の世界に憧れを抱きますが、その裏側には孤独や自己疑念、絶望といった感情がつきまといます。このダークサイドとも言えるエネルギーに飲み込まれた作家たちは、しばしば悲劇的な末路を迎えます。

一例としてあげられる作家が、アーネスト・ヘミングウェイです。

彼はノーベル文学賞を受賞し、多くの名作を残しましたが、その生涯は決して順風満帆《じゅんぷうまんぱん》ではありませんでした。戦争体験や複数回の結婚、そして晩年は健康問題に苦しみ、最終的には自ら命を絶ちました。彼の作品には、彼自身の内なる闇《やみ》や孤独が反映されていることが多く、その筆致からも彼の心の葛藤が垣間見られます。

太宰治もまた、ダークサイドに飲み込まれた一人です。

彼の作品は自伝的要素が強く、自殺未遂やアルコール依存症、女性関係の問題など、彼自身の苦悩が色濃く描かれています。太宰は幾度となく自殺未遂を繰り返し、最終的には玉川上水で心中を図《はか》り、その生涯を閉じました。彼の作品には、生きることの意味や自己否定の念が深く刻まれており、彼自身の苦しみが伝わってきます。

『変身』で世界を驚かせたフランツ・カフカもまた、内なる闇に苦しんだ作家です。

彼の作品には、社会から疎外された個人の孤独や不条理な状況が描かれています。彼自身の孤独感や疎外感が、本に反映されています。カフカは生前にはほとんど評価されず、死後にその価値が認められた作家です。彼は結核に苦しみ、療養生活の中での絶望的な心境を赤裸々に綴《つづ》った作品は、読んでいる人の心をせつなくさせます。

悲劇的な死を遂げた作家は、死後ずいぶん経っても、多くの人々に影響を与え続けています。その背後には、壮絶な内なる闇との戦いがあったのです。

作家は、自己表現と引き換えに、自らの闇と向き合わなければならないのです。下手をすると、命を失ってしまう危険な職業だと言えます。

著作権と遺産——家族に残るもの

作家の遺産としての著作権は、家族にとって経済的な支えとなるだけでなく、精神的なつながりや責任も伴います。

著作権は、作家の死後も一定期間保護され、その期間内に発生する収益は遺族に帰属します。

日本では著作権の保護期間は作家の死後50年ですが、アメリカでは著作権の保護期間は作家の死後70年と異なります。この違いは、遺族にとっての経済的影響が異なることを意味します。

たとえば、日本の文豪、夏目漱石の著作権は、彼の死後50年間、遺族に収益をもたらしました。漱石の作品は多くの学校で教科書に採用され、映画やドラマにも頻繁《ひんぱん》に取り上げられたため、著作権収入は遺族にとって大きな支えとなりました。遺族はこの収入をもとに、漱石記念館の運営や彼の文学遺産の保存活動を行うことができたそうです。

一方、アメリカの作家ハーパー・リーの事例も興味深いです。

彼女の代表作『アラバマ物語』は、彼女の死後も長く愛され続け、著作権収入は遺族に大きな経済的利益をもたらしています。リーの作品は、映画化や舞台化もされ、これらの二次利用から得られるライセンス収入も含め、著作権収入はかなりの額に上ります。

また、遺族にとって著作権は単なる経済的な問題ではなく、精神的な側面も重要です。作家の作品は遺族にとって故人とのつながりを感じさせるものであり、その管理や保存は大きな責任を伴います。

たとえば、アガサ・クリスティの孫であるマシュー・プリチャード氏は、彼女の著作権を受け継ぎ、クリスティの作品を世界中に広めるための活動を続けています。彼は、クリスティの作品が次世代にわたっても愛され続けるように努めており、その責任感と誇りを持って活動しています。

孤独を創作の力に変える秘訣

作家という職業には、孤独がつきものです。多くの作家は一人で長時間過ごし、静かな環境で思考を深め、自分の中から文章を紡ぎます。

この孤独は、時に重くのしかかり、精神的な負担となることも少なくありません。しかし、一方でこの孤独こそが、深い創作の源泉でもあります。

孤独は、作家にとって自分自身と向き合う時間を与えてくれます。

外界の喧騒《けんそう》から離れ、内なる声に耳を傾けることで、より深い思考や感情を掘り下げることができます。このプロセスは、表面的なアイデアや感情を超えて、より本質的な創作の源を探る手助けをします。

ここまでに紹介してきたアーネスト・ヘミングウェイもフランツ・カフカも、その孤独な環境、世界観の中で多くの名作を生み出しました。ヘミングウェイは、キューバの自宅やスペインのホテルで一人静かに執筆し、その中で得た深い洞察を作品に反映させています。彼の作品には、孤独な中で得られた鋭い観察力と独特の文体が光ります。カフカもまた孤独な環境の中でこそ生まれた深い洞察と独創性が、その作品に反映されています。

このように、孤独は作家にとって創作の力となり得るのです。

アメリカの作家、詩人、思想家であり、博物学者でもあったヘンリー・D・ソローは、ウォールデン池（マサチューセッツ州）のほとりで一人静かに過ごし、その中で得た洞察を『ウォールデン』にまとめました。私も、ボストン郊外の池のすぐ近くに住んでいたので、行ったことがありますが、8畳ぐらいの小さな小屋でした。

自然の中で過ごすことによって、作品に昇華させたわけです。

孤独を創作の力に変えることは、容易ではありません。しかし、その孤独を受け入れ、積極的に活用することで、深い洞察と独創性を持った作品を生み出すことができるのです。

真に孤独を知った人は、たくさんの人に希望を与えたり、人を癒やす力を持ちます。それが、作家のミステリアスな力なのです。

作家の家族だけが知っている創作活動の裏側

作家の創作活動は、作品がどれだけ成功していても、ずっと順風満帆とは限りません。作家の家族は、彼らの成功と苦労の両方を目の当たりにします。

たとえば、太宰治の妻、美知子さんもまた、彼の苦悩と創作の裏側を知る人物でした。太宰はアルコール依存症や精神的な病に苦しみながら執筆を続けましたが、美知子さんは彼の健康管理や精神的なサポートを続けました。彼女の支えがなければ、太宰治の名作が世に出ることはなかったでしょう。

三島由紀夫の家族は、彼の厳格な創作活動に大きな役割を果たしました。三島由紀夫は、非常に規律正しい生活を送りながら執筆を続けました。彼の妻、平岡瑤子《ようこ》さんは、家事全般を引き受け、三島が創作に専念できる環境を整えていました。三島が執筆に集中するためには、家庭の安定が不可欠であり、瑤子さんの支えがその基盤を築いていました。

また、松本清張の家族も、彼の創作活動を支えました。清張は、芥川賞を受賞した後も、北九州の朝日新聞社で働きながら執筆活動を続けていました。清張の妻、直子さんは、彼の多忙なスケジュールを理解し、家族の支えとなりました。その献身的な支えが、清張の創作活動を支え、多くの名作を生み出す原動力となりました。

ヘミングウェイの家族も彼の創作活動に多大な影響を与えました。ヘミングウェイは、非常に厳格な作家であり、日常生活にもその完璧主義が表れていました。彼の家族は、その要求に応えるために多くの犠牲を払い、彼の創作活動を支えました。特に彼の妻メアリーは、彼の作品が完成するまでの過程で多くのサポートを提供し、彼の精神的な安定を保つために尽力しました。

『評決のとき』などを著《あらわ》したアメリカのベストセラー作家、ジョン・グリシャムも、法律事務所で働きながら執筆を続けていました。彼の妻、レネーは、彼の夢を応援し、家族の生活を支えました。

『高慢と偏見』などで知られるジェーン・オースティンの家族も、彼女の創作活動を大きく支えました。オースティンの姉、カサンドラは、彼女の作品の初稿を読んでアドバイスを与え、家事を分担することでジェーンが執筆に専念できる環境を整えました。カサンドラの支えがなければ、ジェーン・オースティンの名作が世に出ることはなかったかもしれません。

このように、作家の家族は、作家自身が目指す創作の高みを支えるために、チームプレーのように、大きな役割を果たしています。

家族やまわりの理解とサポートがなければ、作家はその才能を最大限に発揮できません。家族の献身的な支援が、長期的に成功する作家を陰で支えているのです。

作家の家族の物語を知ることで、作品に対する理解がより深まり、作家の創作活動の裏側にあるリアルな一面を垣間見ることができます。

歴史には、作家の名前しか残りませんが、身の回りの世話をした夫や妻、家族、家政婦さんや秘書たちもいるのです。

彼ら全員のエネルギーに支えられて、すばらしい作品が生まれていることが理解できたでしょうか。

本章のまとめ

- 作家の家族は、収入の不安定さや孤独感に直面しながらも、支え合うことで作家の成功を共に分かち合う
- 作家の成功には、家族や協力者の理解とサポートが不可欠
- 孤独や自己疑念との戦いが創作活動に影響する
- 著作権は作家の遺産として、家族に経済的支えと精神的なつながりをもたらす
- 孤独は作家にとって創作の力を引き出す源泉となり得るが、その孤独をどう活用するかが鍵である
- 作家の家族は、創作活動の裏側で支えとなり、作品の完成に欠かせない役割を果たしている

【第7章】

どうしたら作家になれるのか
——7つのアプローチ

作家になるには、どのような方法があるか

作家になるには、実にたくさんの方法があります。

言ってみれば、山登りのようで、いろんなルートがあります。

登ったことがない人は、想像がつかないでしょうが、実際に登った人の話を聞くと、さまざまな方法で登ってきていることがわかります。

もともと山に登るつもりがない人も、散歩しているうちに、山の頂上に立つことになってしまう人だってたくさんいます。

具体的なルートについては、後でお話ししますが、**「作家になる運命の人は、どんな道を進んでも、作家デビューすることになる」**と思っています。

成功した作家たちの元の職業をたどってみても、公務員、会社員、教員、学生、専業主

婦、セールスマン、銀行員など、ごく普通の人たちです。

共通点は、あるときに、ふと「作家になろう」と思いついていることです。それは、散歩しているときかもしれないし、村上春樹のように、神宮球場で野球を見ているときかもしれません。友人とお茶しているとき、講演会で誰かの話を聞いているときに、その瞬間は訪れます。

そして、たいしたことを考えずに、なんとなく文章を書き始めるのです。いったん、その道を歩み始めると、誰も止めることができません。その後、どこかのタイミングで、その人の文章が編集者の目にとまり、作家デビューすることになるのです。

それは、友人の紹介かもしれないし、ブログを見て、連絡してくるかもしれません。

いずれにしても、**その人が作家になるのが運命であれば、それを変えることはできないのです。**それが、その人の道ならば、自分が文章を書くのを止められないものです。それは、いったん掘り当ててしまうと、後から後から湧き出てくるエネルギーは、止められないぐらい強いからです。そうやって、作家は誕生します。

具体的には、どんなルートがあるのか、いまからお話ししましょう。

作家になるための具体的な7つのアプローチ

では、いまの時代、自分の本を出版するにはどのようにすればいいのか、具体的に方法をお話ししていきましょう。

まずはそのアプローチとして、主なものは次の7つになります。

❶編集者に原稿を見てもらう

❷出版社に手紙を書く

❸作家に紹介してもらう

❹編集コンサルタントに依頼する

❺賞や出版コンペに応募する

❻ インフルエンサーになる

❼ 自分で出版する

一つひとつを説明する前に、本が出版されるまでの仕組み、流れについてお話しします。書店で売られている書籍は、「出版社」から発行、発売されているものです。つまり本を出すには、出版社を通さなければならないということです。

出版社から本が出るまでに、いくつかプロセスがあります。まずは、編集者が作家を気に入って、その人の本の企画書を会社に提出します。そして、企画会議で承認されたら、「企画が通った」ということになり、原稿から本になっていく作業が始まります。

7つのアプローチの一番初めに、「編集者に原稿を見てもらう」があるのは、この仕組みがあるからです。

編集者の人が「これは売れる」「この本を出したい」と思ってくれたら、出版への予約チケットがもらえたのと同じようなものです。

でも、まだ、あくまでも「予約」です。一人の編集者がいいと思ってくれても、その企画が通るのは、そう簡単ではないようです。

出版社によってやり方やルールは違うようですが、企画会議で企画が通るには、最終的に編集長の承認が必要です。

そうやって企画会議に通って、晴れて、予約のチケットをもらえるのです。

「企画会議に通っても、まだ予約なの？」

とあなたは思ったかもしれません。

そうです、まだ予約の段階です。

企画が通っても、原稿はこれから書くという場合、あるいは原稿ができていたとしても、出版社から、原稿についての要望があるかもしれません。

また、営業会議を突破しなければいけないのです。

編集サイドが良いと思っても、営業チームが売れないと判断することもあります。編集会議で通った企画がすべて営業会議を突破するわけではありません。

いくつものハードルを乗り越えて、発売日が決まり、原稿を提出して、本の装幀《そうてい》が決まり、ようやく本は出版されていきます。

出版前には、出版契約書も交わされます。日本の出版界の慣習では、この出版契約書の内容も簡単で、タイミングも、アメリカなど海外と比べると、とてもいいかげんです。

海外の出版社から出版する場合には、完成原稿を渡す前に、細かな条件が記された分厚い契約書が交わされます。日本の場合には、出版社によって違いはありますが、本が発売される直前に契約書を交わすことも、それほどめずらしいことではありません。日本は、その点がいいかげんなのかというと、そうではなく、むしろ、著者と出版社との関係がしっかりしているからこそ、適当な習慣になっているのでしょう。いままでたいしたトラブルがなかったのは、不思議なぐらいです。

著者と出版社を結んでいるのは、編集者です。つまりは、信頼できる編集者に出会うことが、本を出すカギになります。

ですが、一般的に、編集者はとても忙しく、「会ってほしい」「原稿を見てほしい」といっても、なかなかOKはもらえないでしょう。

そのためにできることとして、②の「出版社に手紙」を書くという方法があるわけです。

では、もっと詳しく、7つのアプローチについてお話ししていきましょう。

編集者の選び方——自分に合ったパートナーを見つける

本を出す最も効果的な方法の一つは、「編集者に原稿を見てもらうこと」です。では、どんな編集者に見てもらうのがよいのでしょうか。

まず、自分が出したい本のジャンルに精通している編集者を探すことが重要です。

編集者にも、それぞれ自分の得意分野があります。

たとえば、ビジネス書、自己啓発書、児童書、ミステリー小説、恋愛小説などなど、ジャンルごとに専門の編集者がいます。自分の作品がどのジャンルに属するかを明確にし、そのジャンルで実績のある編集者をリサーチすることから始めましょう。

自分が目指すジャンルのベストセラーの担当者や、評価の高い書籍の編集者を調べ、その人たちがどの出版社に所属しているかを確認しましょう。その出版社のウェブサイトを訪れると、編集者のプロフィールや担当書籍のリストが見つかることがあります。

また、書店や図書館で自分のジャンルの新刊や人気作をチェックするのも有効です。特に、新人作家の本を多く手がけている編集者は、新しい才能を発掘することに意欲的であることが多いです。こうした編集者は、まだ知られていない作家の作品に目を向け、出版のチャンスを与えてくれる可能性が高いのです。

編集者を見つけたら、その人の仕事に敬意を払い、適切な方法でアプローチすることです。いきなり電話をかけたり、オフィスに押しかけたりするのは、逆効果です。まずは、編集者が参加しそうな書店のイベントや作家の講演会やサイン会、文学フェスなどに参加してみるのもよいでしょう。そうした場で、編集者に直接会う機会を得て、自然な形で作品について話すことができたら、バッチリです。

メールでアプローチする場合は、短くて明確な内容にしましょう。

自己紹介と共に、作品の概要を簡潔に伝え、編集者が興味を持ちそうな点を強調します。たとえば、「世間的には、こう思われているけど、実は○○だってご存じでした?」など、編集者の興味を引く質問をしましょう。

出版への扉を開く手紙——出版社への効果的なアプローチ方法

具体的なアプローチの一つとして、「出版社に手紙を書く」という方法があります。これは出版界では、伝統的ともいえる方法で、いまでも有効な手段の一つのようです。

まず、手紙を書く前に、自分の作品に合った出版社を選ぶことです。

自分が選ぶジャンルやテーマに強みを持つ出版社をリサーチしましょう。

たとえば、ビジネス書なら、そのジャンルで実績のある出版社を探すのです。出版社のウェブサイトや本をチェックして、自分の作品との相性を確認しましょう。

次に、手紙やメールの内容についてです。編集者にとって、手紙はあなたの第一印象を決定する重要なツールです。

「貴社が出版されている○○シリーズに感銘を受け、自分の作品もぜひ、貴社で出版させていただければ、と思いました」といった具体的な理由を挙げるとよいでしょう。これにより、編集者に対して自分がしっかりとリサーチをしていることをアピールできます。

手紙の本題では、自分の原稿の概要を簡潔に紹介します。

テーマ、ターゲット、類書との違いなど、編集者が一目で、あなたの原稿の魅力を理解できるように、具体的で簡潔な表現を心がけましょう。

また、あなた自身の紹介も重要です。作家としての経歴やバックグラウンドを簡潔に述べ、なぜ自分がこの作品を書いたのか、どのようなメッセージを伝えたいのかを明確に伝えます。具体的な経歴や動機を示すと、編集者に対して信頼感を与えることができます。

さらに、手紙の最後には、編集者に対する感謝の意を表し、返信を待っている旨を伝えます。たとえば、「お忙しいところお読みいただきありがとうございます。ご検討のほど、よろしくお願い申し上げます。ご連絡を心待ちにしております」といった形です。この一文で、礼儀正しく、かつ前向きな印象を残すことができます。

ただし出版社によっては、一律《いちりつ》で受けつけないところもあるようです。そのあたりのことまで、事前に調べておく必要があります。

作家に紹介してもらう――信頼とつながりでつかむチャンス

3つめのアプローチとして、現役の作家に紹介してもらう方法があります。このアプローチは、とっても有効です。そのためには、作家と信頼関係を築き、上手に紹介してもらうことです。信頼されている作家がいれば、出版への道が開くでしょう。

作家との信頼関係を築くことは簡単にできることではありません。でも、時間をかけていい関係を構築できれば、可能になります。

たとえば、作家が主催するワークショップやセミナーに参加したり、読書会や作家のサイン会に足を運んだりすることで、直接的な交流の機会を増やすことができます。

これらの場で積極的に質問をしたり、自分の作品について話をしたりすることで、作家に自分の存在をアピールすることができます。

成功例の一つとして、村上春樹と川上未映子《かわかみみえこ》のエピソードがあります。川上未映子は、村上春樹の作品に感銘を受け、そのスタイルに影響を受けながら自分の執筆活動を続けていました。ある日、彼女は勇気を出して村上春樹のイベントに参加し、直接話す機会を得ました。彼女の熱意と才能を感じた村上は、彼女を出版社に紹介したそうです。これがきっかけで、川上未映子はデビュー作を出版し、その後も多くの作品を世に送り出すこととなったわけです。

もし、作家と友人になれれば、自分の作品を読んでもらうことも有効でしょう。信頼できる作家仲間に自分の原稿を見てもらい、フィードバックを受けることで、作品の質を向上させると同時に、その作家からの推薦を得ることができます。

伊坂幸太郎《いさかこうたろう》は、デビュー前に同じく作家を目指していた友人の原稿を読み、お互いに意見交換をしていました。彼の才能を認めた友人が、出版社の編集者に彼を紹介し、デビューのチャンスをつかんだといいます。

作家とのつながりを深めるためには、ＳＮＳやブログを活用することも効果的です。

自分の作品や創作活動について発信し、共通の興味を持つ作家と交流することで、信頼

関係を築くことができます。

紹介を得るためには、単に作家との接点を増やすだけでなく、自分の作品に対する情熱と努力を示すことです。

作家は、自分が推薦することでその人の信用に関わるため、人間的な部分はもちろん、作品の内容、本気で取り組んでいるかどうかを見ています。

もしも出版社を紹介してもらったら、その方に対しての感謝の気持ちを忘れないことです。紹介してもらった後も、恩を感じ、感謝の気持ちを伝えることで、長期的な信頼関係を築くことができます。感謝の手紙を送ったり、出版記念のイベントに招待したりするなど、小さな気遣いが大きな信頼を築く基盤となります。

作家に紹介してもらうことは、信頼とつながりを活用する非常に有効な方法です。

成功している作家との交流を通じて、自分の作品を広め、出版のチャンスをつかむための一歩を踏み出してみましょう。

編集コンサルタントの力――プロのサポートを活用する

作家になるためのアプローチとして、編集コンサルタントにサポートしてもらう方法があります。編集コンサルタントは、執筆から出版に至るまでのプロセスをサポートしてくれる専門家です。彼らに助けてもらうことで、自分の作品をプロの目でブラッシュアップし、出版への道をより確実なものにできます。

「編集コンサルタント」というのは、作家と編集者の中間に位置する存在です。彼らは作家が執筆した原稿を読み、構成、ターゲットの設定など、その原稿をよくするために、具体的なアドバイスを提供します。また、文章のスタイルや表現技法についての指導も行い、作家が持つ個性や魅力を最大限に引き出す手助けをします。

この方法を選ぶメリットはいっぱいあります。

まず、自分の作品を客観的に見てもらうことで、自己評価では気づかない欠点や改善点を発見することができます。

さらに、編集コンサルタントは、編集者出身の人が多く、出版業界の知識と経験を持っているため、出版プロセス全体についてのアドバイスもしてくれます。

どんなテーマの本を書いたらいいか、どの出版社に作品を持ち込むべきか、さらには契約の際の注意点など、具体的なガイダンスを受けることができます。作家はより自信を持って出版の準備を進めることができます。

プロのサポートを活用する際のポイントは、自分に合ったコンサルタントを選ぶことです。編集コンサルタントには、編集者同様、それぞれ得意分野やスタイルがあります。自分に合った専門家を選ぶことで、より効果的なサポートを受けることができます。

また、コンサルタントとの相性も大切です。

いったん契約して出版の話が進んでいるのに、途中でその人とのコミュニケーションがうまくいかなくなったら、後でトラブルの元になります。

自分の才能を試す――賞や出版コンペに応募する

作家を目指す人にとって、賞や出版コンペに応募することは、自分の才能を試し、評価を受けるための絶好の機会だと言えるでしょう。

出版社の審査員は、数多くの応募作品を読む中で、真に優れた作品を見抜く目を持っています。応募することで、プロフェッショナルから評価を受けることができます。

日本には数多くの文学賞があり、それぞれ独自の特徴があります。有名なのは、芥川賞や直木賞です。

そうした賞は、**受賞することで一気に知名度が上がり、多くの読者に作品を届けるチャンスが広がります。**また、ライトノベルやファンタジー、小説などジャンルごとの賞も数多く存在するので、自分の作品に合った賞を見つけることです。

では、賞やコンペに応募する際の戦略について考えてみましょう。

まずは、応募要項をしっかりと読み込み、必要な条件を満たすことが基本です。作品の長さやテーマ、応募の締切などを確認し、それに合わせて作品を準備します。

作品の質を高めるためには、第三者の目を通じてフィードバックを受けることが有効です。たとえば同じ作家志望の友人たちに作品を読んでもらい、率直な意見を聞くことで、自分では気づかない改善点が見つかります。書き直しや推敲《すいこう》を繰り返すことで、原稿の完成度を高められるでしょう。

さらに、応募する際には、自分の作品の強みを明確にすることです。原稿で主張したいテーマ、独自性を強調し、審査員に強い印象を与えることが求められます。

賞に応募する副次的なメリットは、出版社や編集者とのつながりができることです。受賞しなくても、最終選考に残ることで、編集者の目に留まったりします。

その後、編集者と会って、将来的な出版の可能性を探ることになるかもしれません。

インフルエンサーとして成功する——作家への道を切り開く

現代のデジタル社会では、作家として成功する道は、意外にたくさんあります。

その中でも、インフルエンサーとしての地位を確立することは、有力な手段でしょう。

「インフルエンサー」とは、SNSやブログなどのプラットフォームで、多くのフォロワーがいて、読者に影響を与える人物を指します。

インフルエンサーとして成功するためには、**まず自分の専門分野や興味のあるテーマを突き詰めて、わかりやすいコンテンツを定期的に発信することです。**

たとえば、ダイエットや読書日記、起業や子育てに関するアドバイスなど、ユニークな視点のブログや動画を提供することで、読者の関心を引きつけることができます。

次に、フォロワーと関わりを増やすことです。

単にコンテンツを発信するだけでなく、コメントに対して積極的に返信したり、読者との対話を楽しんだりすることで、コミュニティ感をつくれる人が成功します。

インフルエンサーとしての信頼を築くためには、情報の受け手に対して誠実に向き合い、彼らの意見や質問に耳を傾けましょう。

このような双方向のコミュニケーションは、フォロワーとの絆を深め、未来の読者をつくるきっかけとなります。

統一感のあるビジュアルや、一貫したメッセージを発信することで、自分の個性やスタイルを強調します。特定のテーマカラーやロゴを使用する、独自の書き方や語り口を貫くなど、自分だけのブランドをつくり上げることで、フォロワーに強い印象を与えることができます。そのためには、コンセプトを明確にすること。それがバズれば、インフルエンサーとして活躍することができます。

また、他のインフルエンサーや著名人とのコラボも、フォロワーを増やすための効果的な手段です。共同でイベントを開催したり、対談コンテンツを作成したりすることで、お互いのフォロワーを共有し、新たな読者層にリーチすることができます。

ベストセラー作家のデビューのきっかけ

さて、ここからは、ベストセラー作家のデビューの話をいくつかご紹介しましょう。

第1章でご紹介した**松本清張は、もともとは作家志望ではなかったそうです。**1951年に、『西郷札《さつ》』を書いて、それが直木賞候補となるのですが、それは、「週刊朝日」の「百万人の小説」という懸賞小説に、その賞金目当てで応募したものでした。

松本清張の生家は貧しく、生活のために仕事をかけ持ちしていたそうで、小説も、そのアルバイトの一つだったのかもしれません。

推理作家の森村誠一は、前でも紹介した通り元ホテルマンでした。作家になりたい、マスコミに就職したいと思いながら、それが叶《かな》わず、森村自身の言葉を借りるなら、彼にとってホテルでの仕事は、「自分の個性を徹底的に消す」職場環境であり、「鉄筋の畜舎」

だったそうです。

自分の仕事に満足できず、当時の森村誠一と同じような思いで今を過ごしている人は、少なくないかもしれません。

ホテルのフロントで働きながら、出版社に勤める友人の紹介で、総務関係の雑誌などにエッセイなどを寄稿していました。そうしてようやく、作家デビューを果たしましたが、上司から副業をとがめられて退職します。

そんな中で、**「ミステリーを書いてみたら？」といわれて書いたのが、ホテルを舞台にした本格ミステリー『高層の死角』で、1969年、森村誠一は、第15回江戸川乱歩賞を受賞しました。**その後の大成功は、誰もが知るところです。

最高齢で作家デビューした人といえば、柴田トヨです。92歳で詩集『くじけないで』を出版し、遅咲きの作家デビューを果たしました。

彼女は1911年生まれで、戦前から戦後にかけて家庭を支えながら詩作を続けていましたが、長いあいだ、自身の作品を公にすることはありませんでした。

転機が訪れたのは、息子の勧めがきっかけだったそうです。息子がトヨの詩を地元の新聞に投稿したところ、それが多くの人々の共感を呼び、評判となります。この成功を機に、トヨは詩集をまとめて出版することを決意しました。

『くじけないで』はその温かく力強いメッセージが幅広い世代に感動を与え、瞬く間にベストセラーとなりました。彼女の詩は、人生の厳しい現実に立ち向かう力を与え、特に高齢者の心に深く響きました。**柴田トヨのデビューは、年齢に関係なく新たな挑戦を続けることができるという勇気と希望を示すものだと思います。**

若手作家でいうと、村田沙耶香は、アルバイトをしながら執筆を続けていたそうです。彼女の代表作である『コンビニ人間』は、自身のアルバイト経験を元に書かれており、ありふれた日常を描きながら、社会の期待や常識に疑問を投げかけたものです。この作品が2016年に芥川賞を受賞し、一躍注目の作家となりました。

コンビニで働いていたことが、作品のネタになったわけなので、世の中に出る人は、どんなスタートでも、出ることになるのですね。

背中を押されたとき——私のデビューのきっかけ

作家になるためには、特別な才能や人脈が必要だと思っている人は少なくありません。私もそんな一人でした。

「自分が本を出すなんて」ムリだと思っていました。

文章を書く才能なんてない。何を書いていいかもわからない。出版社にコネクションもない自分が作家になるなんて、それこそ、夢のまた夢でした。

では、どうして作家になれたのか、といえば、私の場合は、小冊子をつくったことが、きっかけになりました。

あるとき、親友で、すでに著書も出版していた望月俊孝に、

「君は本を書くべきだ」

と、いつにない激しい口調で叱られました。彼を知る人なら誰もが、「望月さんが怒鳴ることとなんてあるんですか！」と思うほど、温厚な人柄です。

そんな彼に、

「とりあえず、文章書いてみたけど自信がない。

こんなの、つまらないし、誰も読まないかなぁ……」

と自分を卑下《ひげ》して話していたのです。そこで、いつまでも言い訳しているだけの私に、さっきのような活を、彼は入れてくれたわけです。

体を震わすほどに本気で言ってくれている彼に、「自信がないから、やめる」とは言えない気持ちになりました。そんなことがきっかけとなって、一気に書き上げたのが、小冊子『幸せな小金持ちへの8つのステップ』です。

近所の印刷所にお願いして、1000部つくるつもりが、3000部のほうが安いと言われて、何も考えずに契約書にサインしてしまいました。

小冊子はあっという間にできて、何十箱もの段ボールで届けられ、一部屋を占拠《せんきょ》しました。あわてて、知り合いにまとめて送ったり、友人の講演会やセミナーで配ってもらったりしました。全部プレゼントしていたので、押し売りならぬ、「押しあげ」ともいうのでしょうか。それでも全員が喜んで受けとってくれたわけではなく、「いらない」と言われたことも多かったのです。

そのたびに、自分が全否定されたようで、すごく落ち込みました。

でも、しばらくすると「送ってほしい」「知人にも読ませたい」という人が増えて、初版はまもなくなくなって、すぐに増刷しました。

そうして、何度目かの増刷のあと、ゴマブックスの編集長だった遠藤励起《れいき》さんから、出版の依頼が来て、デビューさせてもらえることになったのです。

もう20年以上前の話になります。

いまになって思うと、「いらない」と言われたことが、作家としての最初の洗礼でした。

自分が書いたことが、いつも１００％受け入れられるわけではありません。それどころか、ネガティブな言葉を返されることもあります。それを受けとめるメンタルの強さが作家としてやっていくのに、絶対必要なのです。

自分で出版する——セルフパブリッシングの可能性

現代の出版業界において、自分で出版するセルフパブリッシングは、新しいやり方です。従来の出版社を通した方法に比べ、セルフパブリッシングは手軽で簡単にできます。

セルフパブリッシングの最大の利点は、出版プロセスをすべて自分で管理できることにあります。伝統的な出版社に依存せず、自分のペースで書籍を出版できるのです。

ラフ原稿が完成したら、すぐに出版プロセスを開始できるため、出版までの時間が大幅に短縮されます。これにより、タイムリーなテーマやトレンドに即した書籍をスピーディーに出すことができます。

セルフパブリッシングの手順は比較的シンプルです。

まず、原稿を完成させ、編集と校正を行います。これにはプロの編集者や校正者の助けを借りるほうがいいでしょう。

次に、書籍のデザインとレイアウトを決定します。カバーのデザインや本文のレイアウトは、読者の第一印象を左右する重要な要素です。デザインに関しても、プロのデザイナーに依頼することで、より魅力的な仕上がりになります。

書籍のデザインが完成したら、出版プラットフォームを選びます。

「Amazon Kindle Direct Publishing（ＫＤＰ）」や「楽天Kobo Writing Life」など、いくつかセルフパブリッシングのプラットフォームがあります。こういったプラットフォームを通じて、電子書籍やオンデマンド印刷による紙の書籍が簡単にできます。

特に電子書籍の場合は、初期費用が少なく、世界中の読者にリーチすることができるため、セルフパブリッシングのスタートには最適でしょう。

セルフパブリッシングのもう一つの大きな利点は、収益のコントロールができることです。従来の出版社を通じた出版では、印税率が低く設定されることが多いですが、セルフパブリッシングでは、売上の大部分を著者が得ることができます。

また、セルフパブリッシングは、表紙やタイトル、章立てなど、出版社だと編集者が決めてしまうことも、自分でコントロールできます。

内容やデザインだけでなく、どうやって売っていくかというマーケティング戦略も、すべての決定を自分で行うことができます。

自分のビジョンやメッセージを忠実に反映させた本をつくることができます。また、出版前にまわりの感想を元に、修正を加えたり、内容を更新したりすることもできます。

大変なのは、出版社が宣伝してくれるのとは違い、自分で出版するとなると、PRも自分がやらなければいけないところでしょう。

インスタ、Facebook、ブログ、YouTubeをフル活用して、自分の本を宣伝する必要があります。

セルフパブリッシングを成功させるためには、面白い内容と、切り口です。そして、読んでくれる人とのつながりを深め、口コミを広げる努力も必要です。

書籍のレビューや評価を積極的に集めることは、信頼性と認知度を積み上げることになります。それが次の本につながっていくのです。

本章のまとめ

- 作家になるには、特別な才能や人脈がなくても可能
- 自分の伝えたいことを公にすることが重要
- 編集者に原稿を見てもらうことが有効
- 出版社に手紙を書くことでチャンスをつかむ
- 他の作家に紹介してもらうことで出版の機会を得る
- 編集コンサルタントのサポートを活用する
- 賞や出版コンペに応募して才能を試す
- インフルエンサーとして活動し、影響力を持つ
- セルフパブリッシングで、自分で出版する方法もある

第8章

現代作家のビジネスモデル
——現代の作家はこう稼ぐ

作家の新しい稼ぎ方

日本の作家は、いまだに本を書くだけの人が多いようですが、海外の作家は、ずいぶん違った動きをしています。

世界的に本が売れなくなっているために、本を書いて印税をもらうというだけの従来の枠組みから、飛び出さざるを得なかったのでしょう。

ひと昔までは、原稿を書いて出版社に送る。そして、売れた分を印税で払ってもらうという、とてもシンプルなビジネスモデルでした。ですが、本を読む人が減って、本が売れなくなってしまったので、印税以外の収入を補う必要が出てきたのです。

文芸の作家よりも、ビジネス書系作家のほうがやりやすいですが、収入源を増やす方法はいっぱいあります。主なものとして次の7つをあげたいと思います。

(1)読者のファンクラブ(オンラインサロン)
(2)読者への本の直販
(3)自主開催の講演、セミナー、企業研修(オンラインも含む)
(4)認定コーチ制度
(5)個人面談、グループコンサルティング、マスターマインド
(6)世界を舞台にした、大人の遠足旅行
(7)自分の店(飲食店やブックカフェ、ジュエリー、洋服)を開く

では具体的に、作家たちがどんなことをしているか、それぞれを見ていきましょう。

(1)読者のファンクラブ(オンラインサロン)

ファンを組織化するのは、歌手やタレントの間では、当たり前だったと思います。海外では、作家も同じように、ちゃんとしたファンクラブを持っている人たちがいます。ファンクラブは、無料のものが多いですが、何千人、何万人もの有料会員が世界中にいる作家もいます。少額課金でも、それだけの規模になれば、安定的な収入につながります。

ファン向けにイベントをリアルやオンラインでやることで、ファンは、作家のことを身近に感じることができます。「Patreon」というサイトもあるので、一般の人から定額でお金をもらいやすくなっています。

日本だとオンラインサロンが同じような仕組みです。

ちなみに、アメリカでは、「9・97」ドルという数字が、お得な感じがして、申し込みやすい数字だそうです。日本では、「980」円というのが申し込みやすい値段なので、面白い心理の違いです。

(2) 読者への本の直販

出版社を通さずに、さきほどのファンクラブ向けに本をリリースするというモデルです。ファンにとっては、新刊が出版社から送られようが、著者から直接送られようが、関係ありません。むしろ著者からのほうが喜ばれるということもあるでしょう。実際、熱狂的なファンが世界中にいるようなミステリー作家で、直販という方法を取っている人がいます。出版社を通さなくていいので、報酬は、配送手数料を引いたら、すべて作家のものになります。

印税率が10%だとしたら、同じ金額をもらうのに、売上部数は出版社のそれの10分の1でいいわけです。もし、売上部数が何分の1かに減っても、条件は格段によくなります。

ただし、これはある程度ファンが、一定数いる作家だから可能になるビジネスモデルです。普通の作家には、真似できるものではありません。

以前、コロナ禍のときに、私もオンラインで本田健書店というのをやっていました。1万人近い読者に毎月新刊を配信するという試みでしたが、さすがに毎月、新刊を書くのは大変すぎて、20ヶ月でやめましたが、面白い挑戦だったと思います。

（3）自主開催の講演、セミナー、企業研修（オンラインも含む）

これは、さきほどの（1）のコミュニティと一緒ですが、あなたの専門分野の知識をまとめて学びたいという人は、必ず出てきます。最初は、信じられないかもしれませんが、読者の中から、熱心な人が参加してくれます。私も、20年前からセミナーをやっていますが、最初は4人しか参加者が集まらず、焦った憶えがあります。

手軽に、2時間ぐらいの講演会を開催している作家もたくさんいます。無料、あるいは数千円の講演会に来てもらうことができるかどうかが、最初のステップです。

講演会に来てもらって、もっと学びたいと思われるか、もうだいたいこの人の言いたいことはわかったと思われるかが、分かれ道です。

まずは講演会に参加してもらって、もっと学びたいという人が出てきた場合には、「一日セミナー」ができるようになります。

慣れてくると、もっと大人数での開催も可能です。セミナーは、リアルでやることもできるし、オンラインでやることもできます。

一日セミナーは、数万円で開催されることが多いようですが、数百人が集まれば、売上も一日で、普通の会社員の年収ぐらいの金額になります。

教えるコンテンツがあるビジネス書系の作家なら、合宿セミナーというのも有りです。合宿形式なら、参加者同士が仲良くなるということが起きます。

私も合宿セミナーを年に数回開催していますが、そこで出会った人たちが一緒にビジネスをしたり、結婚したりということがよくあります。

企業研修というのも、作家の隠れた収入源の一つです。

ビジネス書系の作家はもちろんですが、文芸の作家でも、ある程度の有名な人なら、企業に招かれて講演をするという仕事があります。

ギャラはランクによりますが、10万円から200万円ぐらいまで幅があります。知名度があれば、30万円ぐらいはもらえます。それを週に1回ぐらいやれば、執筆で行き詰まったときのいい気分転換にもなるし、普通の会社員の月給を超えるぐらいの金額にはなります。

(4) 認定コーチ制度

作家のやっていることをもっと深く学びたい人が、セミナーに参加してくれますが、そのうち、「その内容を人に教えたい」という人も出てきます。そのメソッドを体系化することができれば、その「教えたい人」も育てることができます。

これは、日本でも海外でもポピュラーなやり方で、自分の認定コーチを増やすモデルです。登録料も30万円ぐらいから、高い人だと300万円のところもあるようです。仮に30人の申し込みがあれば、それだけで1億円近い数字にもなります。

上手にブランドをつくって、認定コーチを展開すれば、結構な利益になります。

ただ、お金だけをもらって、その先の面倒をあまり見ない、というような中途半端なかたちでは、長続きしないようです。ネットでは、参加した人たちの感想が出ていたりしますので、いい加減なことはできませんね。

(5) 個人面談、グループコンサルーティング、マスターマインド

(1)や(3)が、大人数なのに対して、これは、小グループでやるものです。オンラインでやったり、リアルでやったりします。

一回きりのこともありますが、半年コース、一年コースで展開することもできます。毎月、参加者がオンラインで集まり、数ヶ月に一回くらいはリアルで会うというスタイルが多いようです。

世界のトップレベルの作家になると、マスターマインドの会費が、年間10万ドル（約1500万円）です。それだけ払える人は、すでに成功しているので、同じようなレベルの会員と交流できるというメリットも感じているようです。毎回深いレベルの気づきがあったり、参加者同士でビジネスがスタートしたりとなれば、受講者にとっては、高い受講料も、あっという間に元が取れるという感覚で参加されているのかもしれません。

そこまで有名でないのに、高額の参加費で、たくさん人数を集めている人の中には、コミュニティをつくるのが上手な人がいます。

「個人セッション」というのは、30分とか1時間といった限られた時間に、その作家にいろいろ相談できるというものです。世間話をするだけでは成り立ちませんが、コーチングができる人は、高額な報酬につながる場合があります。相場はピンキリで、1回数十ドルから、数十万ドルまで開きがあります。

（6）世界を舞台にした、大人の遠足旅行

有名な作家と、世界中を一緒に旅するという企画です。これだと、文芸など、ジャンル

に関係なく、どんな作家でもできると思います。実際、海外の友人の作家が、最近はよく日本に来るようになって、そうした会のゲストに呼ばれて話をする機会が増えました。

「ピラミッドで瞑想」

「マチュピチュ、セドナなどのパワースポットでエネルギーワーク」

「アフリカのサファリ、アマゾンの原住民の儀式を体験する」

「ヒマラヤの聖者に祝福してもらう」

……そんなツアーを友人たちがやっていますが、どのツアーも、面白そうですよね？

最近は、そういう旅行先に、日本の「ＴＯＫＹＯ」とか「ＫＹＯＴＯ」が入るようになりました。日本人にとっては、なんか嬉しい話ですね。

もともと行ってみたかったけど、いままでタイミングがなかった、そんなエキゾチックな場所に有名な作家と行ける。ここに、大きな魅力を感じるようです。プラス時間とお金が自由な仲間と行くのは、それだけで楽しい遠足みたいなものです。

似たようなビジネスモデルに、「ベストセラー作家と行くクルーズ旅行」というのもあります。

昨年の2023年、私が講師として呼ばれたのは「アラスカクルーズ」で、2週間乗船して、その間に2回講演をするという契約でした。

2週間のクルーズは、講演以外の拘束はいっさいなくて、あとは自由にしていいとのこと。有名な講師が何人も乗船するので、そういうVIPとも知り合いになれるみたいです。クルージングに招待されて、そのうえ講演料までもらえるなんて、「作家っていいなぁ」と思いましたが、スケジュールが合わず、泣く泣く辞退せざるを得ませんでした。

同じツアーで数年前に講演した友人の作家から聞いた話では、お客さんの質がとてもよくて、みなさん感じがよかったそうです。サイン攻めや質問攻めにあったら、逃げ場がないので、どうなのかなと思いましたが、そんな心配はいらないようです。

欧米のツアー会社によっては、そういう「文化人と行く旅」を積極的に企画しているところもあるようです。

(7) 自分の店(飲食店やブックカフェ、ジュエリー、洋服)を開く

ベストセラー作家が自分の店を出すこともあります。飲食店やブックカフェなどは、わかりやすい例です。これまでの自分の作品を並べて販売する、ファンが集まって、そこで交流できる場所としてのカフェを開くのは、とっても素敵だと思います。

本好きが高じて、書店まで持ってしまうということなのでしょう。私も、いずれやりたいと思っていることの一つです。

趣味が高じて、自分の洋服やジュエリーのラインアップを売る作家もいます。なかには、アパレルメーカーを立ち上げて、本格的なビジネスになっている人もいます。

そうなると、もう作家と言うよりは、実業家といったほうがいいかもしれません。

自分の店といっても、リアル店舗の場合もあるし、オンラインのみで販売するというのもありでしょう。

一定のファンがいる人にとっては、いいビジネスモデルです。ですが、普通のビジネスと同じで、油断するとすぐにダメになります。

また、自分が書いていることと、お店で扱う分野が違いすぎると、せっかくの知名度が活かしにくくなります。

仕事のやり方を変える勇気を持つ

いま、世界を何周もまわって、講演やセミナーをやっていますが、それぞれの国のベストセラー作家たちと親しくさせてもらう機会が多くあります。

アメリカ、ヨーロッパ、インド、アラブ世界での出版の仕組みや、作家の社会的地位などが少しずつ違うので、とっても面白い話が聞けて、それがまた自分のネタになります。

文化人として高い尊敬を受ける国もあれば、そうでもない国もあります。

どこの国の出版界も厳しいのは一緒で、本の読者をどんどんYouTubeやTikTok、ポッドキャストに奪われているのは同じみたいです。

共通認識は、「**いまの作家は、変わらなければいけない**」ということでした。

これまでは、極端に言えば、ペンとノートだけで勝負できたのが、いろいろやらなくてはいけなくなったということです。

少し前なら、本のPRも出版社が大々的にやってくれました。でも、いまはよほどの売れっ子でない限り、「先生、PRは自分でお願いします！」という感じです。出版社も、広告等にかける予算がなくなってしまって、本が出ても、新刊告知や講演会などは、「全部自前でやってください」というわけです。

海外の取材旅行の旅費を払ってもらうとか、ホテルや旅館で缶詰になる経費を払ってもらうとかは、夢の話になりました（笑）。それどころか、**自分で書店に売り込みにいったり、講演会や出版パーティーを企画したりしなくてはいけないのです。**

事務作業には向いていないから作家になったはずが、家族にも手伝ってもらって、出版パーティーの案内の封筒に切手を貼るのに忙しくなって、執筆どころではなくなります。

パソコンの前に座っていても、執筆ではなく、zoomでの取材やYouTube、TikTokなどの動画撮影のほうに、時間が多く割かれてしまうというほどです。

仕事を変えるぐらいのつもりでいかないと、次の時代には生き残れないのでしょう。

現代のベストセラー作家の収入

少し夢のない話が続いてしまいましたので、ここでは、世界レベルで成功している作家が、どれくらい稼いでいるのかというワクワクする話もしておきましょう。

いま世界的に活躍しているベストセラー作家と家族ぐるみのつき合いがありますが、彼らの収入は、桁《けた》違いです。

前で『ハリー・ポッター』シリーズの著者ローリングが、作家としては初のビリオネアになった話をしましたが、本だけでそこまでいくのは、難しいものがあります。でも、本を書いて、周辺にビジネスを作れば、ミリオネアになることは、十分可能だと思います。

日本の市場は、世界の80億分の1なので、もし、**経済的な成功を目指すのなら、グローバルに展開する必要があります。**

国際的にメジャーな出版社から本が出れば、自動的にスペイン語、フランス語、ドイツ語、中国語など複数の言語で出版される仕組みができています。さらに、その本が売れていくと、対象国は10ヶ国、20ヶ国と増えていきます。

日本で出版して売れた本が海外で翻訳されることはありますが、主な言語は韓国語、中国語、ベトナム語、タイ語ぐらいに限られ、いずれも大きな部数にはつながらず、たいした印税にはなりません。

私が英語で出版した『happy money』は、世界で34言語に翻訳されました。いまだに、それまではあまり知らなかった国から、出版依頼が来ます。

このあたりのことは、また別の機会にお話ししたいと思いますが、世界で活躍するために何をすればいいのか。ずいぶん遠まわりして、ようやくわかったことがあります。

道をたずねるのと同じで、間違ったことを教えられることもあるし、道を教えてもらうのは有料で、しかもそれが何百万円もすることもありました。そうやって数年の時間とたくさんのお金を費やして、「世界ってこうなっているのか」と理解できました。

その一つは、**「業界によって成功する都市が違う」**ということです。

たとえば、映画や音楽の分野で成功しようと思っても、ニュージーランドやフィンランド、バンコクで頑張っても芽が出ません。

やはり、音楽ならロサンゼルスです。ただし、そのジャンルによっても、それは違います。たとえば、クラッシックならヨーロッパ、しかもドイツ、フランスです。オペラならイタリアでしょう。

娯楽映画なら、断然ハリウッドです。同じようにオシャレな場所でも、パリやフランクフルトではないのです。インド映画なら、ハリウッドならぬ「ボリウッド」と呼ばれる都市ムンバイで勝負しなければ成功できないでしょう。

そんなことがわかってくると、どの業界は、どこが中心になっているというのがわかってきます。その場所に行って勝負しなければ、ほとんど何の結果も出ないわけです。

出版でいうなら、その都市は、ニューヨークかロンドンです。いったん、メジャーな出版社から出せるようになると、数十万部から、数百万部の部数になります。

世界でベストセラーになると、一作だけで10億円近い収入が手に入ります。そして、次の出版の依頼のときには、アドバンスと呼ばれる契約金がもらえます。話題作だと、数億円という金額が、出版前にもらえる可能性があります。

海外の作家には、講演という副収入もあります。一回の講演料は、そこまで有名な人でなくても、2時間でおよそ300万円にもなります。有名人だと1000万円。トップクラスになると、一回の講演のギャラが3000万円にもなります。オンラインでも同じで、たった数時間話すだけで、何百万円ものギャラになることもごく普通です。

少し前に話したファンクラブ、オンラインセミナーなどを合わせると、海外の作家の中には、数億円の収入を稼ぐ人もたくさんいます。

アンソニー・ロビンズは業界トップのスピーカーであり、作家ですが、彼のマスターマインドは、年間に10万ドル（約1500万円）で、会員が200名以上もいます。ざっと計算するだけで、それだけで30億円にもなります。数日で数十万円のセミナーに、毎回何千人も集客していて、グループ総売上は数千億円になっていると言われています。

作家は、本が売れないからオワコン（時代遅れ）だなんて言われますが、世界レベルを見ると、まだまだ夢のある職業なのです。作家のいいのは、プロスポーツ選手と違って、引退する必要がないことです。死ぬ前の日までできる素晴らしい仕事だと思います。

読者との絆が安定収入を生む

現代で成功している作家は、読者との深い絆を築いています。

それは、単なるファンサービスというのとは違います。

「**同じ時代を生きている連帯感**」

という絆を共有しているのです。

この深い結びつきが、作家のキャリアの長期的な成功を確かなものとしています。

読者は、作家の世界観や生き方、リアルな気持ちに共感しています。

作家が自分の経験や感情を作品に反映させ、読者は作家との深いつながりを感じます。

作家としての生き様や情熱が伝わる作品は、読者の心に強く響き、長く記憶に残ることになります。

現代の作家は、読者との絆を深めるためにコミュニケーションを大切にしています。ソーシャルメディアやブログ、ニュースレターを通じて、読者と直接やり取りする機会が増えています。これらのツールを活用して、読者からのフィードバックに耳を傾けたり、質問に答えたりして、読者との距離を縮めることができます。

読者イベント、講演会やサイン会も、絆を築くための効果的な方法です。実際に読者と顔を合わせ、直接話をすることで、作家と読者の関係はさらに深まります。**イベントでは、作品に関するエピソードや制作秘話を共有することで、読者は作家の人間性に触れることができます。**

このような機会を通じて、読者は作家への信頼感を高め、これからも新刊が出たら買おうという意欲が高まるのです。

かといって、マーケティングの一環として、彼らがそういうことをやっているわけではありません。成功している作家が、事あるごとに、読者に対する感謝の気持ちを示しているのは、自然に純粋な気持ちからです。

精神的充足——お金以上の価値を受けとる

なぜ、作家が、文章を書き続けるのか。それは、単なる仕事やお金だけではなく、それ以上の価値を見出しているからです。

執筆、出版によって得られる充足感は、作家に中毒的とも言える幸福感をもたらします。

自分の人生をボロボロにしてまでも、創作に向かうのは、そういうためです。

自分の内面を言葉にすることで、自己理解が深まり、心の整理ができます。

自分の思いや経験を物語やエッセイに込めることで、自分自身をより深く知ることができるのです。これは、他のどのような活動でも得られない独特の充足感をもたらします。

また、作家としての活動は、他者との共感を生み出す力を持っています。

自分の作品を通じて読者とつながり、彼らの心に触れることができるのは、非常に貴重な体験です。

読者からのフィードバックや感謝の言葉を受けとることで、自分の創作が誰かの人生に影響を与えていることを実感できます。これは作家としての大きな喜びであり、精神的な充足感を高めます。

読者の立場からも、同じようなことがいえます。小説を読んだからといって、来年の収入が増えるわけではありません。

では、なぜ小説を読むかというと、それによって、自分の人生が豊かになると感じるからでしょう。本の主人公に自分をなぞらえて、ワクワクしたり、登場人物に癒やされたりします。本を読んでいる間、物語に没頭することで、一時的に現実から離れることができ、ストレス解消にもなります。

作家にとって、執筆活動は自身の心の癒やしになりますが、同時に、その作品は読者の癒やしにもなっているのです。

作家は、人生の葛藤や死ぬほどの悩みに、創作を通じて向き合っています。読者も、自分ではそこまでできなくても、作家のガイダンスによって、悩みと向き合うことができるようになるのです。

執筆は、作家自身の精神的な健康を保つための重要な手段であり、読書は、同じように、心を豊かにし、大げさに言えば、魂の癒やしになるものです。

このように、作家の活動には、お金以上の価値が存在し、読者も、本に値段以上の価値を見ています。

作家は、文章を書きながら、自己理解、読者との共感、達成感、自己成長、そして心の癒やしなど、創作活動を通じて精神的な充足感を受けとっています。

本来であれば、作家としての成功は、経済的な成功だけでなく、本人の精神的な充足感によって測られるべきです。自分自身の内面を探求し、他者と共感し、自己成長を続けることが、真の意味での成功だと思います。そして、読者にどれだけの勇気、癒やし、愛情、感動を与えたのかも、同じように評価される基準になるといいと感じています。

それは、単なる本の販売部数よりも、はるかに大切な指標ではないでしょうか。

作家の中には、自分のことばかり考えているナルシスティックな人もいますが、一人でもいいから誰かの役に立ちたいと願っている人も多いと思います。

本章のまとめ

- 読者との絆を築くことで持続的な収入を生む
- 創作への情熱を持ち続けることで真の成功を手に入れる
- 常に学び続ける姿勢が自己成長と創作の豊かさにつながる
- 市場を読む直感を磨くためには情報収集と経験が必要
- 精神的な充足感は経済的報酬以上の価値を持つ
- 創作活動は自己表現、共感、達成感、成長、心の癒やしをもたらす
- 作家としての成功は精神的充足と自己成長で測られる

【第9章】

作家の未来
——文化を創るということ

新しい声が求められる時代——トレンドをどう創っていくか

作家という職業は、常に時代の変化と共に進化しています。過去の偉大な作家たちがそれぞれの時代の声を代弁してきたように、現代でも、新しい声が求められています。この新しい声は、いままでにない視点や経験を持つ人々から生まれるものです。

いろんなメディアが出てきて、もう本はオワコンだという人もいますが、私は、まったくそう考えていません。YouTube、Facebook、TikTok、インスタ、ブログなどいろんな種類のメディアがありますが、本でしか伝わらないものがあるからです。

たとえば、インスタやFacebookは、写真と、ちょっとしたエッセイが主流です。なので、ある一瞬を切りとったものを伝えるのに向いています。YouTubeで人気の動画は、たいてい一本で10分前後のものが多く、体系的な話や深い哲学的な洞察を伝えるのには不向きです。TikTokは、もっと短くて30秒から1分程度。それだと一瞬芸のようなものです。ブログも、Facebookと同じようなところがあって、日常の気づきや面白い話、ちょっとしたコツみたいなことを話すにはぴったりです。ですが、なぜ自分がそう考えるようになったのか、その背景といったものを詳しく伝えるには時間が足りません。また、それを見たり読んだりする人も家事の合間や通勤途中に見ていることが多いので、そこまでじっくり向き合ってくれるわけではありません。その意味でも、新しい時代を切り開く考え方、体系的なノウハウなどは、本というメディアで発表するのが一番ふさわしいと思います。

現代社会では、多様なバックグラウンドや異なる経験を持つ人々の声が求められています。これまでの文学や出版業界は、少し偏っていたかもしれません。

ですが、インターネットやソーシャルメディアの普及により、誰もが自分の声を発信できる時代となりました。独自の視点や経験は、他の誰にも再現できない貴重なものです。もし、それを体系的に発表するなら、本というメディアが最適です。

本を書くのには、時間がかかります。でも、それだけの思考と熱量が注がれるので、その分、コンテンツにエネルギーもこめられるのではないでしょうか。

ＡＩ時代の作家――人間性をどう保つか

ＡＩは既《すで》に、文章作成やアイデア生成において、人間と競い合えるほどの能力を持つようになりました。作家は、このＡＩとどうつき合ったらいいのでしょうか。

まず、現時点でのＡＩは、いままでの情報を収集整理するのは得意でも、それを新たなものに昇華させるところまでは、到っていません。作家が持つ感情の世界の深さや複雑さは、ＡＩにはまだ真似できないようです。

人間は、喜びや悲しみ、怒りや恐怖といった多様な感情を持ち、それを表現する力を持っています。これらの感情は、物語に深みや共感をもたらし、読者の心を動かします。

ＡＩはデータを元に文章を生成することができますが、感情の微妙なニュアンスや個々の体験から生まれる独自の感覚を再現することはできません。

作家は自分の感情や経験を物語に反映させることで、ＡＩにはできないオリジナリティを提供できるのです。

また、人間関係や社会とのつながりも、作家が持つ強みです。

作家は、他者との対話や交流を通じて、新しい視点やアイデアを得ることができます。人間関係の複雑さや個々の体験は、物語のキャラクターやプロットに、リアリティと深みを与えます。

ＡＩは大量のデータを解析することが得意ですが、実際の人間関係から生まれる微妙なやりとりや感情の機微を再現することは、現時点では得意ではないようです。

優《すぐ》れた作家は、こうした人間関係の中で得られる洞察を作品に活かすことで、ＡＩには表現できない豊かさを生み出すことができます。

さらに、創造性と想像力も、作家がＡＩに対して優位に立っている分野です。

ＡＩは過去のデータやパターンに基づいて新しいアイデアをつくれますが、本当に革新的なアイデアや、まったく新しい視点を提供するのは、まだ人間のほうが優れています。

作家は、自分の経験や知識をもとに、まったく新しい世界や物語を創り出す力を持っています。これにより、読者を驚かせたり、感動させたりすることができます。作家がＡＩ時代に成功するためには、人間ならではの特質を意識的に磨き続けることです。

また、読者との対話を大切にし、フィードバックを取り入れることで、常に進化していかなければなりません。読者の声を聞き、作品にリアリティと共感を持たせることです。

さらに、ＡＩ技術を積極的に活用することも一つの手段でしょう。

ＡＩは、リサーチやアイデアの整理、文章の校正など、作家の補助的な役割を果たします。これにより作家は、よりクリエイティブな部分に集中することができ、効率的に執筆活動を進められます。

ＡＩを敵視するのではなく、アシスタントのようにうまく活用できれば、より質の高い作品を生み出せるでしょう。

ＡＩ時代には、作家は、より人間らしく赤裸々に感情を語り、人間関係の機微を描くことが求められます。ビジネス書や実用書の作家であっても、単なるノウハウだけではＡＩに負けてしまいます。ノウハウに感情的な要素を取り入れるなど、ＡＩの上をいきましょう。

AI以上か、AI以下か――その差で収入は100倍変わる

作家とAIの話をしましたが、すべての人にも同じことが起きると思います。

優秀な人は、AIを使いこなして、いままでの能率の10倍の仕事ができるでしょう。いってみれば、無給で働いてくれるアシスタントが、アルバイトに応募してくれたようなものです。「給料はいらないから、そばで働かせてください」と言うので、インターンとして入れてあげたら、すごく優秀だったという感じでしょうか。

一方で、**アシスタントレベルの仕事をしてきた人は、大ピンチです。**イラストレーター、マーケッター、コピーライターなどはもちろんですが、医者、会計士なども危なくなります。データを整理するぐらいのことは、AIやAIによってサポートされるソフトが、いとも簡単にやってしまうようになるからです。

ＡＩ以上の人は、**これまでの仕事を一気に次元上昇させることができる**と思います。仕事ももっと引き受けられるし、スピードも何倍も早くこなせます。ＡＩアシスタントは、お給料を払わなくても、すぐに対応してくれます。

そういう意味では、年収も10倍になるのではないでしょうか。

一方で、ＡＩ以下の仕事しかしていないような人の仕事単価は大幅に下がるはずです。

ＡＩなら、たった10秒で、しかも無料で、イラストをつくってくれます。

そのクオリティー、そのスピード以上のものが出せなければ、仕事が激減したり、受注金額が大幅に下がったりしてしまうでしょう。

人によっては、収入が10分の１になる人だって出てくるかもしれません。

そう考えると、ＡＩ以上の人は10倍、ＡＩ以下の人は10分の１になるとしたら、その差は、１００倍にも広がってしまうということです。

これからは、クリエイティブな仕事をしている人以外にも、この格差は広がっていく可能性があります。自分がどっちにいくのか、準備しておきましょう。

人間の本質に迫る――永遠のテーマに挑《いど》む

作家として人間の本質に迫り、永遠のテーマに挑むことは、創作の中で最もやりがいがあることでしょう。それは、いまのＡＩにはできないことです。

人間の本質とは何か、人生の意味や目的、愛や孤独、喜びや悲しみなど、普遍《ふへん》的なテーマを探求することが、作家の使命ともいえます。

実用書やビジネス書の作家にも、自分の持っているノウハウで、読者の人生に貢献できることは、深い喜びをもたらします。

「健康を取り戻せた」「お金のことで心配しなくてすんだ」「人間関係がよくなった」「家族間の和解が進んだ」といったことは、人生でとても大切なことです。

その人の幸せや豊かさに大きく影響を与えます。

それが、文芸書でも、実用書でも、読者の人生に深く関わるという点では同じです。どの分野の作家になるとしても、ふだんから深い観察力が求められます。

日常生活の中で、そこで暮らす人たちの行動や言動を注意深く観察し、その背後にある感情や動機を理解することです。

たとえば、カフェで自分の隣に座ってコーヒーを飲んでいる二人が、どんなことを話すのか、通勤中の電車内でのやりとりからも、実に多くのことが学べます。これらの観察を通じて、人間の多様な側面を捉え、物語にリアリティと深みを持たせることができます。

また、同時に、作家は、自分自身の内面を掘り下げていきます。

自己分析や内省を通じて、自分が感じていることや考えていることを正直に見つめることで、他人にも共感される普遍的なテーマを見つけることができます。

自分が経験した喜びや悲しみ、挫折や成功のエピソードを物語に反映させることで、読者に深い感動を与えることができます。

自分の感情や経験を率直に表現することで、物語に真実味が加わり、読者の心に響く作品を生み出すことができるのです。

人間の本質に迫るもう一つの方法は、多くの人々と対話をすることです。異なるバックグラウンドや価値観を持つ人々との対話を通じて、自分の視野を広げることができます。

たとえば、ボランティア活動や地域コミュニティのイベントに参加することで、多様な人々と交流し、彼らの人生経験や考え方を知ることができます。これにより、物語に多様性とリアリティを持たせることができ、より広範な読者層に共感される作品をつくり上げることができます。

人間の本質に迫ることは、作家にとって終わりのない探求です。

しかし、その過程で得られる発見や気づきは、物語に深い意味を持たせ、読者に強い印象を与える力を持っています。

人間の感情や行動、思考の奥深くに迫ることで、普遍的なテーマに対する洞察を深め、永遠のテーマに挑む作品を生み出すことができるのです。

このようにして、人間の本質に迫るための努力を続けることで、作家は読者にとっての「心の鏡」となり得ます。

未来の作家のかたち——文化を創り出すインフルエンサー

書く本が文芸でもビジネス書でも、私は、「新しい時代を創り出すのは、作家である」と確信しています。

それは、**作家になるような人が、新しいコンテンツを生み出せる**からです。

いま、インフルエンサーとして活躍している人の多くが、何かを生み出しているわけではありません。どちらかというと、いま世間で起きていることに、上手にコメントしたり炎上させたり、世間の多くの人を納得させる技術に長けている人が多いように思います。

なんとなく、みんなが感じていることを言語化して、それをすぐに発信する技術があるということです。それは、素晴らしい才能ですが、彼らが、何かをつくり出しているわけではありません。創造性というより、反射神経に優れているというほうが近く、ノリは、リアクション芸人のようです。

これからの時代を切り開いていくインフルエンサーというのは、未来を先取りしたり、いま世の中で起きていることを読み解いたり、ということができる人でしょう。

人間の本質にふれるような作品を書いたり、新しい時代の生き方を明快に示したり、ということができる作家は、これからのリーダーになるはずです。

そして、その人は、間違いなく、深い共感能力と思索力に長けた人です。

いまどきのインフルエンサーが炎上してしまうのは、社会的なニュースに対する反射神経がよくても、人間への共感能力と洞察力が欠けているからだと思います。

これからしばらくは、混沌《こんとん》とした時代になっていくでしょう。先が見えない時代に、未来の指針をはっきり示せるようなインフルエンサーは、間違いなく作家から出てきます。

逆に言うならば、それができるのが作家です。

これからの作家は、文章だけでなく、映像や他の分野にも活躍の場を広げていくことになります。最初は慣れなくて戸惑う人も、上手に自分のコンテンツを切り分ける技術を身につければ、それらを世界に発信していけるようになるはずです。

ごく普通の人が作家になる時代

ここまで読んできて、いかがですか？

いままで他人事《ひとごと》のように、作家って面白いなとか、大変そうだなと思った人も多いと思います。でも、あなたが作家になる、という可能性はどうでしょう？

本書では、何度もごく普通の人が作家になったという話をしてきました。

彼らの共通点は、みな本が好きだということです。

あなたは、どうでしょう？　ここまで本を読み進めているということは、きっと、あなたも本が好きなのではないでしょうか？

そして、いまは想像していないかもしれませんが、あなただって、本を書く可能性はゼロではないのです。

それどころか、あなたが本を書く可能性は、結構あると思います。

それは、書くかどうかの問題ではなく、いつ書くかです。

あなたが本を書き出すのは、来週かもしれないし、来年かもしれない。でも、本が好きな人は、いずれ自分でも文章を書きたくなるものです。

「でも、自分は文学部でもないし、文章を書くといっても、習ったこともない」

あなたは、そう言うかもしれません。

実は、ベストセラー作家で、文章の書き方を専門的に習ったことがある人のほうが、少数派です。ジャーナリスト出身や文学部を出た人だって、誰かから、手取り足取り教わったわけでなく、見よう見まねで文章を書いて、いつのまにかプロになっているのです。

そういう意味では、あなたがこの本を読めているなら、もう本を書く能力は十分あると言えるでしょう。

あとは、タイミングです。

自分でも、言いたいことが抑えられなくなったときが、そのときだと思います。

自分が知っていること、やってきたことを、つい自分のまわりの人に話したがる人は、作家に向いているのです。
これからの時代に、作家になるのに向いている人の特徴をお話ししましょう。

（1）本が好きな人

まず、最初の特徴が、本の好きな人です。本を読むのが好きで、時間があったら、つい本を読む人は、文章で情報を手に入れるのが好きな人です。動画もいいけど、どちらかというと、文章のほうが好きだという人も作家に向いています。

（2）好奇心旺盛な人

何にでも好奇心があるという人も、作家に向いています。「これってどうなっているんだろう？」ということを、つい調べてしまうような人です。

本業でもそうですが、全然関係ないことでも、Googleなどで調べて面白い知識を蓄えます。それが、人を感動させたり、楽しく感じてもらえたりするような物語を生み出すのに役立ちます。

(3) 自分の知っていることを教えたがる人

後輩とかに、つい自分のうんちくを述べてしまう人、いませんか？　いい映画を見たら、周りに「ぜったいいいよ！」とすすめる人、押しつけがましい人も、作家に向いています。作家の本質は、自分の世界の押しつけ業ですから(笑)。

(4) 話の面白い人

どんな話をしても、人が興味を持つように話ができる人です。人を笑わせるという意味ではありませんが、人を笑わせるほどに面白い話ができるというのは、作家に向いています。話すのが下手でも、文章でそれができればいいのです。

(5) 喜ばれたら、もっとやってあげたくなる人

誰かに喜ばれたら、「もっとやってあげたい」と考える人は、作家向きです。サービス精神が旺盛《おうせい》な人は、読者にいっぱいあげたい、わかってもらいたいという情熱が普通の人の何倍もあります。小説や文芸作品を書く作家は、自分の中にある感情を文章に吐き出さないと気持ちが悪いようなタイプが、長続きします。実用書やビジネス書なら、ダイエットの方法とか、お金の節約法とか、新しく知ったことを同僚とか、友だちや家族に、すぐに教えたくてたまらないタイプです。

また、自分が何十年もずっとやってきて当たり前だと思っていることが、実はたくさんの人に役に立つ人も、作家になるべき人です。

本人は、作家になりたいと思ったことがなくても、何百万人もの人に影響を与えます。たとえば、『病気にならない生き方』（サンマーク出版）は、その例です。著者の新谷弘実さんは、本業の医師として忙しく、何十万人もの人の腸を実際に診察してきて、そこからわかったことを本に書き、世界中の何百万人にも読まれることになりました。

「子育てで苦労したけど、こういうことをやったら、うまくいった」とか、そんな自分にとっては普通にやってきたこと、失敗しながらも何とか切り抜けた、というようなことでもいいのです。あなたが苦労したことで、その後に解決策を見つけられていたとしたら、それは、きっと誰かの役に立ちます。

世界的に活躍する作家への道

いま、世界の人々のライフスタイルが、びっくりするほど似通ってきています。

みんなスマートフォンを持ち、GAPやユニクロを着て、同じ音楽を聴いて、職場では、WindowsかMacのパソコンで仕事をしています。

多少食べるものや着るものが違っても、日常生活での共通点は多いでしょう。

仕事内容も、世界中の人たちがほぼ同じようなことをしています。たとえば、アラブでも、ヨーロッパでも、アジアでも、マイクロソフトのワードで文書を作成し、エクセルやパワーポイントで資料をつくって、zoomでミーティングしていることでしょう。

そんなふうに、ライフスタイルが似てきたためか、**世界中の人が悩んでいることも、同じようなものになってきています。**

私は、世界中で講演やセミナーをやっていますが、質問タイムのときにどんなことを訊かれるかといえば、ビックリするほど、ほぼ同じ内容です。

「生きがいをどうやって見つけたらいいか」

「夫婦のコミュニケーションをよくするには？」

「老親の介護、子どもの教育をどうすればいいか？」

「好きなことをやって、お金にするにはどうしたらいいか？」

など、みんな悩んでいることは同じです。

いま、人類は、ほぼ同じようなことで悩んでいるわけです。

問題が同じなら、処方箋も同じです。日本人にとってうまくいく答えがあれば、それは世界中の人にもあてはまります。その処方箋は、大学教授や有名なドクターだけが持つわけではありません。

ごく普通の主婦が、子育てに困ったり、アトピーで大変だった子どものために調べ上げた栄養や食事法など、実践的なノウハウを持っていたりするのです。

逆に言うと、大学で研究した理論よりも、誰かが実践的にやって、何百例とうまくいったノウハウのほうが、役に立ちます。

似通った文化である韓国、台湾、中国、タイ、マレーシア、ベトナムなどのアジアの国は、もともと日本に親近感を感じています。

親子関係や食生活も、似ているので、そういう文化圏では、ごく普通の日本人の人が作り上げたノウハウが、十分通用するはずです。

少し文化が違うヨーロッパ、アメリカ、インド、アフリカ、アラブなどでも、アレンジ次第では、現地の人に受け入れられると思います。

そういう点から考えると、これから日本で発売された本が、世界中で売れていく可能性も大いにあります。日本で売れているものなら、それがビジネス書でも小説でも、同じように売れていくでしょう。逆に、日本でパッとしなかったものでも、世界でブレイクするといったことも、おきるでしょう。

数年後には、日本の作家も、世界を対象に本を書いていくことになると思います。言語の壁がありますが、AIの発達のおかげで、世界に出ていく準備は整っています。

そうです。日本の作家の未来は、とっても明るいのです。

本章のまとめ

- 新しい声を求める時代において、独自の視点と経験が重要
- 自己信頼と時代の流れを読む力が成功につながる
- AI時代においても、人間の感情や経験を活かした作品が求められる
- 人間の本質に迫ることで、普遍的なテーマを探求する
- 時代のトレンドを創るために、社会や文化の変化に敏感であることが必要
- 作家は読者との対話を重視し、フィードバックを取り入れることが重要
- デジタル技術を活用して作品を広める戦略を持つことが求められる
- 継続的な学びと自己成長を続ける姿勢が成功を支える
- 創作活動を通じて、社会や文化に影響を与える役割を果たす

おわりに――
自分の「作家性」が目覚めるとき

最後まで読んでくださって、ありがとうございました。
「作家とお金」というテーマに焦点を当て、作家の人生をいろんな角度から、見てきました。作家にもいろんな生き方があって、すごく面白いなぁと思っていただけたら、著者として、たいへん嬉しく思います。

作家として生きる道は、決して平坦ではありません。

時には執筆の苦しみや孤独感、経済的な不安に直面することもあります。
でも、困難を乗り越えた後に、自分の本が出版される喜びは、最高です。

本を執筆するというのは、ある種の自己開示で、本が出版される、しかも売れるということは、社会に受け入れられた感じもします。

作家として成功すれば、経済的な安定も手に入ります。

本文でお話ししてきたように、複数の収入源を確保することや、海外への展開の可能性を探ることは、経済的な自由を手に入れるための有効な手段です。

後半では、ごく普通に生きている人が、作家になる道のりについてもお話ししました。

現代の作家に、どんな仕事の可能性が広がっているか、夢のある話をしたつもりです。

作家になって、破綻的な生き方をする人がいる一方で、幸せな人たちもいっぱいいます。

自分の文章を読者と分かち合うことで、幸せと豊かさが手に入るなんて、作家というのは夢のような仕事だと、私は考えています。

どんな人にも、一冊の本を執筆できるだけの物語と経験が眠っている。

私はそう考えています。それを形にすることは、単に文章を書く行為にとどまらず、自分自身と向き合い、成長するための素晴らしい旅のようなものです。

これからの出版業界はますます多様化し、デジタル化が進む中で、新しいビジネスモデルやチャンスが生まれていきます。

セルフパブリッシングやオンラインプラットフォームの活用、クロスメディア展開など、これまでになかった可能性が広がっています。


作家になる人は、自分の中からコンテンツをくみ出せる人です。最初は、時間がかかりますが、いったん上手にできるようになると、文章以外にも、いろんなプラットフォームで活躍できるようになるでしょう。

あなたも、この本を読みながら、自分ならこういう文章を書くかもしれないなぁ、とどこかで考えたかもしれません。もし、自分ごととして、この本を読んでいたとしたら、あなたの中に眠る「作家」が、いま目覚めようとしているのかもしれません。

もし、少しでもそう感じるなら、好奇心をもって、何か文章を書いてみましょう。

どんな小さな一歩であっても、それが大きな変化の始まりになり得ます。

執筆を通じて得られる喜びや達成感は、自分自身の成長を促し、新たな可能性を広げてくれるでしょう。

作家になる、ならないに限らず、自分の思いを文章にまとめるのは、楽しいことです。あまり気にせず、誰にも見せない日記を書く気分で、何か書いてみてください。

作家への扉は、まったく想定外のところにあって、急に開くことがあります。

友人が作家の講演会に誘ってくれたり、パーティーで立ち話をした人が編集者だったりします。そんなちょっとした偶然から、あなたの人生は動き出したりするのです。

これまでのたくさんの作家がそうだったように、あなたにもそういう道が開ける可能性があるのを忘れないでください。

もし、あなたの中の眠っていた「作家」が目覚め、何か文章を書いてみようかなと考えているなら、私は心から応援したいと思います。内なるもう一人の自分が、何を語り出すのか、耳を傾けてみましょう。

それが、素晴らしい創作の旅の始まりになるかもしれません。

本を出版しなくても、文章を書くことで、新しい自分を発見できると思います。

誰にも見せない日記のような感じの雑文を書くだけでも、毎日の気分が違ってきます。

「てにをは」を間違っても笑われることもありませんので、ただ書き連ねてください。読み返す必要もありませんが、しばらくして読んでみると、自分でも意外といいことが書いてあったりします。

そのうち、自分のやりたいことを書いたりしていくうちに、あなたの人生の物語を自分でも書いてみようという気分になるかもしれません。

私にとっては、それはそれは面白い物語になりました。そして、今もその物語の中にいます。あなたにとっても、楽しい旅になりますように。

講演で訪れたフィリピン　マニラにて

本田健

著者プロフィール

本田 健

Ken Honda

神戸生まれ。2002年、作家としてデビュー。代表作『ユダヤ人大富豪の教え』『20代にしておきたい17のこと』など、累計発行部数は800万部を突破している。2019年、初の英語での書き下ろしの著作『happy money』を米国、英国、豪州で同時刊行。これまでに32言語50カ国以上の国で発売されている。現在は世界を舞台に、英語で講演、執筆活動を行っている。

本田健公式サイト
https://www.aiueoffice.com/

Ken Honda Official Website
【English】https://www.kenhonda.com
【Chinese】https://www.kenhonda.cn

作家とお金

2024年11月10日　初版第1刷発行

著　者　　　　本田 健
発行者　　　　櫻井秀勲
発行所　　　　きずな出版
東京都新宿区白銀町1-13　〒162-0816
電話03-3260-0391　振替00160-2-633551
https://www.kizuna-pub.jp/

印　刷　　　　モリモト印刷
ブックデザイン　西垂水敦・岸恵里香(krran)
編集協力　　　WomanWave

ISBN978-4-86663-253-7